法国留学新时代

金 鑫 著

中国文联出版社

图书在版编目（CIP）数据

法国留学新时代 / 金鑫著 . -- 北京：中国文联出
版社，2018.3（2023.3重印）

ISBN 978 - 7 - 5190 - 3557 - 0

Ⅰ.①法… Ⅱ.①金… Ⅲ.①留学教育—概况—法国
Ⅳ.①G649.565.8

中国版本图书馆 CIP 数据核字（2018）第 055600 号

著　　者	金　鑫	
责任编辑	阴奕璇	
责任校对	茹爱秀	
装帧设计	中联华文	

出版发行　中国文联出版社有限公司

地　　址　北京市朝阳区农展馆南里 10 号　　　　邮编　100125

电　　话　010 - 85923025（发行部）　　　　85923091（总编室）

经　　销　全国新华书店等

印　　刷　三河市华东印刷有限公司

开　　本　710 毫米×1000 毫米　　1/16

印　　张　10.75

字　　数　217 千字

版　　次　2023 年 3 月第 1 版第 2 次印刷

定　　价　69.00 元

2017 年法国大使馆文化教育参赞罗文哲先生访问东北师大附中
2017 年金老师与他在上海组织的巴黎大学班教师团队

- 2015 年金老师与巴黎十一大教授在山东潍坊一中

- 2015 年 7 月金老师与邱秀贤博士和学联主席王珂先生

- 2015 年金老师在武汉大学组织的法国大学班学生

武汉大学国际教育中心2015级师生合影留

法国留学新时代

感谢源于认同 经历塑造完美

时间来到 2018 年，法国留学进入新时代。这个新，有着深刻的时代背景。从大的经济方面来看，中国一跃成为 GDP 仅次于美国的第二大国；从小的留学方面来看，留学呈现出新特点：留学目标的多样性、留学方式的多样性、留学目的国的多样性。

在这个背景基础上，法国留学新时代带着崭新的面貌、丰富的内容悄然来到了。本书将就以下几个方面为读者深入分析：

为什么选择法国？——法国有哪些值得留学的理由？法国的高等教育有哪些优势？法国留学归来的就业前景如何？法国有哪些好的院校可供选择？

留法背景提升——留法需要什么样的硬件？软件提升怎么做？"心件"又该如何培养？

留学前辅导——留学前，我们该如何规划留学乃至职业生涯？如何调整心理应对未知挑战？家长又该如何相应调整自身，以帮助孩子顺利留学？这里既有专家的亲身经历，又有家长的现身说法，相信一定可以给读者以启发。

留法申请流程——怎么办理签证？怎么准备法语考试？怎么书写个人简历？怎么书写动机信？这些问题都将在本部分得到解答。

留法生活——法国的文化及国民性格，法国留学住宿、生活费用，留学期间如何选择带薪工作，如何参加文化交流活动以及社团活动……

跨文化沟通和留学生心理——了解跨文化沟通的特点、障碍以及说服技巧，正确应对留学过程中的心理问题……

对以上几个方面，笔者试着稍尽绵薄之力，将自己的理解献于读者，并不敢保留。

回想自己写作之初，是要把法国留学的信息透明化，顺便为自己做一个宣传。开始动笔以后，我体会到这是一种身份认同感的驱使：在经历变化过后的沉淀才是前进路上的基石，让我们一起走得更远、更稳。

这本书里，"圈内人"有不少。我的好朋友汤叔（微信公众号：汤叔法国留学）帮助我完成了部分学校信息的整理，也把他自己的采访和观点拿来无私分享；我的家人、我在法国的老师邱秀贤博士、我的同事张辰老师的团队、好朋友王珂和程振荣先生、同学李成和吉昕、我帮助过的学生和学生家长、中国和法国的中学大学合作伙伴、中国法国工商会、法国官方教育部门等，这些身影大家都可以在书中看到；他们自己的工作既重要又忙碌，但为促成这本小书的问世费心出力。

——"为中国留学生做些事情"的理念是我们携手前进的最大动力。

"圈外人"也通过他们的参与展示出对我们这个理念的认可与支持。做留学咨询和其他工作没有太多区别，有信仰力量的脚步才值得追随。协助我做编辑工作的蔡先生和沈先生，出版社的工作人员，他们的工作细致认真，给大家的阅读带来了愉悦；这种共享的职业精神把我们聚到了一起。

我在湖南大学、巴黎高等管理学院预科和法国国际关系研究学院的学习给了我丰富的故事线索；在北京师范大学读博期间的著名心理学家郑日昌教授，伦理学晏辉教授、王芳副教授以及很多合作的法国大学教授，与他们的交流促使我重新思考法国留学这个大课题，我是他们的学生。

感谢，也是感恩！

目 录
CONTENTS

引言 新时代 新留学

时代变革始终是引领留学方向的最终决定力量

回望历史，当工业革命如火如荼兴起于欧洲大地时，我们还沉浸于天朝上国的美梦中。鸦片战争一声炮响，我们才突然发现，远方世界已变了模样，田园牧歌式的农业社会已被梦想与冒险远远抛在后边。梁启超先生在《少年中国说》一文中这样写道："日本人之称我中国也，一则曰老大帝国，再则曰老大帝国。是语也，盖袭译欧西人之言也。呜呼！我中国其果老大矣乎？梁启超曰：恶！是何言！是何言！"

国家危亡，民族倾颓，此时之留学，是为了救亡图存。

章炳麟、秋瑾、徐锡麟，革命家，留日。

周树人、周作人，文学家，留日。

周恩来、邓小平、陈毅、蔡和森、聂荣臻、赵世炎、徐特立，革命家，留法。

梅贻琦、胡适、竺可桢、金岳霖、侯德榜，教育家、文学家、气象学家、哲学家、科学家，留美。

……

时间来到 20 世纪 80 年代，伴随着改革开放的春风，又一批留学热潮兴起。六零后七零后想必对这段留学历史记忆深刻。当时在上海的日本领事馆门前，办理签证的人竟多达万余人，领事馆外长长的队伍成为上海滩一道独特的风景。

这个时期的留学，是为了更好地生活。

21 世纪初到现在，留学再次进入新时代。中国学生出国留学目的国更多，留学方式也多样化，同时出国人数与回国人数都在稳步上升中。随着中国的进步，更有越来越多的人加入学习汉语的队伍中，中国文化热相继在欧美各国掀起一阵阵浪潮。

时代在变化，留学亦在变化！一百年前的那个"老大帝国"已然远去，一个新的"少年中国"正在崛起。我等中国少年，扬帆远航，正当其时。

新时代，新时代，"新"有两层意思。一是时代的"新"，二是从"心"出发。

先说时代的新。如果说 20 世纪的留学，基本都是为了当一个好学生，那么新时代的留学，首先是做一个好的参与者，其次，或者说不久后，我们还要当一个好的老师。为什么这么说？因为时代在悄然中发生了巨变。刚刚结束不久的十九大，新的时代发展目标也被提了出来：

"第一个阶段，从二○二○年到二○三五年，在全面建成小康社会的基础上，再奋斗十五年，基本实现社会主义现代化；第二个阶段，从二○三五年到本世纪中叶，在基本实现现代化的基础上，再奋斗十五年，把我国建成富强民主文明和谐美丽的社会主义现代化强国。"

时代的变革总在不经意间完成，看看我们所处的时代，中国变化之大，世所罕见。

先来看基础设施建设。2016 年，中国光是投在基础设施上的钱，总金额就高达 11.89 万亿元人民币。作为对比，GDP 排名世界第 10 位的国家，差不多也是这个数。可以说，全世界任何一个国家，包括美国在内，都拿不出这么多钱搞基础设施建设。

高投入的结果就是高回报。中国的高速公路、高速铁路都是世界最长，已经连接了全国主要城市，而且还在以世界最快的速度增长。2016 年，中国公路总里程达到 470 万公里。自 2008 年以来，我国已经建成整整 2.2 万公里的高铁线路。

全世界各种各样的建筑之最——最高的桥、最长的桥、最长的隧道——都在中国。比如世界最长的跨海大桥青岛海湾大桥，世界最高的桥梁贵州北盘江大桥——实际上，世界最高的桥梁，前六都在中国。

代表中国新时代的不只有基础设施，还有科技实力，比如中国的高铁。目前中国高铁里程数全球第一，速度也是全球最高纪录，高速动车的自产率超过 90%，均比高铁技术传统强国德国、日本先进得多。再看航空航天，中国成功发射了各类通信卫星、载人航天，在深海探测方面也初步站稳了脚跟。俄罗斯《宇航新闻》杂志评论说："中国有自己的航天计划，并创建了新的在速度和数量上都不落后于美国与俄罗斯的航天系统。在潜力与速度方面，中国已经在航天的许多领域领先。"值得一提的是，在代表着航空工业顶尖技术的民用飞机上，中国的 C919 横空出世，成功试飞，打破欧美垄断，指日可待。

在深刻影响普通人生活的行业上，中国也开创了新局面。例如代表人类发展方向的互联网行业，移动支付、大数据、云计算、超级计算机、人工智能等，中国基本上都处于世界前列。

科技在发展，标志着中国的企业正走向世界。到 2016 年年底，我国累计对外投资 1.36 万亿美元，在境外设立企业 3.72 万家，2016 年投资额 1962 亿美元，居世界第二位，存量居世界第六位。中石油、中石化、中国中车、阿里巴巴、华为、腾讯、格力、海尔、大疆、联想、中兴等等，一大批世界级的企业应运而生，在各自的领域独领风骚。

科技走出去了，企业走出去了，所以我说，未来需要我们的参与。没有国际化的背景和视野，怎么参与？这个新时代的"新"，意义即在于此。而留学，正是参与世界、融入世界、改变世界的最佳途径。

新的时代，对个人留学发展提出了新要求。但有一点是从来都未曾变的，这就是我们所要说的第二点，即从"心"开始。

从"心"开始，更多的是一种态度，一种意识，一种追求。回想当年，我远赴法国，不仅仅是为了追求更高的学问，更好的生活，也是为了近距离接触影响近代几百年的西方文明，感受一种迥异于我们的文化。所以，我更多的将留学看成一种人生历练，或者说一种生活方式。

从"心"开始去追求，意味着不忘初心。虽然行走国外多年，但我始终记得我是从哪里来，然后到哪里去。在我从业十几年接触过的留学生中，不乏许多留学多年，却愈加迷茫的人。他们走出去，不仅没找到自己想要的，反而迷失了自我。原因很简单，这些人只是为了留学而留学。留学于他们，不过是镀镀金，学几句发音标准的"洋文"，回来之后在家人朋友同事面前显得有面子。至于"里子"，一点也不重视。这就是犯了方向性的错误，不知道自己想要什么，甚至也不知道自己该要什么。这样的留学，注定不会成功。

如今越来越多的人走向国外，或北美，或欧洲，或澳新，或东南亚，无论去向哪里，都要首先弄明白一件事，我们心里要的到底是什么。换句话说，要懂得自己的"心"，从"心"开始，从"心"出发！

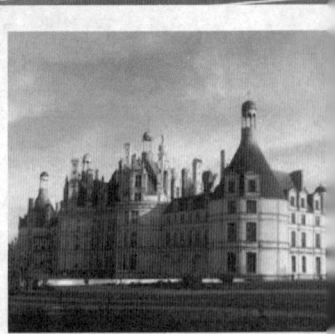

第一章 为什么是法国

第一节 留学，为什么选择法国？

中法两国都是具有数千年悠久文化历史的文明古国，中法两国有着传统的文化交流史。《悲惨世界》《巴黎圣母院》《欧也妮·葛朗台》《红与黑》《基督山伯爵》《茶花女》《三个火枪手》等无数的文学名著被翻译成中文；巴尔扎克、伏尔泰、雨果、大仲马、小仲马等文学大家在中国几乎是家喻户晓。

进入 21 世纪，全球一体化的趋势日益明显，中法两国在文化、科技、商贸等各个领域的交流不断深入和发展，未来社会对能熟练运用法语并深谙法国社会的复合型人才的需求会愈来愈急切。

这几年中国赴法国留学的人数从当初的每年几百人，几千人，到现在已有超过上万人的规模，预计在未来几年内，在法国的中国留学生人数将达到五万人！

为数众多的中国学生前往法国接受高等教育，也有很多学生从法国毕业走向各行各业的工作岗位。在中国的赴法留学生中，已经涌现出了无数的人才和国家栋梁，他们中产生了一大批博士生导师、科学院院士、工程院院士、首席科学家、大学校长、国家实验室主任、科研所所长。

所以，选择法国留学，不失为一个正确的选择！

第二节 你应该知道的那些曾留学法国的前辈

很多人都知道，老一辈革命家周恩来、朱德、邓小平、邓颖超、陈毅、聂荣臻、徐特立、李富春、蔡畅、蔡和森、向警予、李维汉、赵世炎、何长工、李立三、王若飞等，都曾经有过留法的经历。

在法国首都巴黎 13 区意大利广场附近的一条胡同里，周恩来总理的故居前一直挂着由巴黎市政府特别设置的周总理铜像！

在距离巴黎不远的小城蒙塔尔纪（Montargis），那里至今仍然保留着我国许多老一辈领导人朱德、陈毅、蔡和森、向警予、李富春、蔡畅留学法国时的旧居。

而在法国第二大城市里昂，那里至今还保留着"中法大学"的旧址……

除此之外，还有很多我们耳熟能详的大家曾经在法国留下了自己的足迹！

近代民主革命家、教育家、科学家蔡元培数度赴德国和法国留学考察，研究哲学、文学、美学、心理学和文化史。

作为中国现代最负盛名的集历史学家、古典文学研究家、语言学家、诗人于一身的百年难见的人物，陈寅恪1913年赴法国巴黎高等政治学校留学。

中国现代美术事业的奠基者之一徐悲鸿1919年曾留学法国，学习画画、素描，观摩、研究西方美术。

物理学家、教育家严济慈于1923年赴法国留学并获数理科学硕士学位。从此，法国开始承认中国的大学毕业文凭与法国大学毕业文凭具有同等效力。

著名作家、翻译家、社会活动家巴金在1927年曾赴法国巴黎求学。

著名音乐家、作曲家冼星海于1929年曾赴巴黎勤工俭学，并于1931年考入巴黎音乐学院。

作为最早从事核物理研究的中国人，物理学家施士元1929年曾入读巴黎大学居里夫人镭研究所学习。

当代著名画家、油画家、美术教育家吴冠中曾就读于巴黎国立高等美术学校。

中国原子能科学事业的创始人、中国"两弹一星"元勋钱三强于1937年赴法国留学，1940年获法国国家博士学位。

著名导演、艺术家、戏剧理论家、翻译家、北京人民艺术剧院的奠基者之一焦菊隐于1937年获巴黎大学文科博士学位。

现代画家、美术教育家林风眠在19岁时赴法勤工俭学，先在第戎美术学校进修西洋画，后又转入巴黎国立高等美术学校深造。

前卫生部部长陈竺1984年9月至1989年7月任法国巴黎第七大学圣·路易医院血液中心实验室外籍住院医师，攻读血液学研究所肿瘤发病基础专业博士学位，后做博士后研究。

如此先例，不胜枚举。

第三节　法国概况

法国，全称法兰西共和国（La Republique Frangaise），国名源于古代部落法兰克的名称。法国位于欧洲大陆的西端，其南到赤道、北至北极的距离大约相等，海岸线长约2700千米，是西欧面积最大的国家，土地面积551602平方千米。法国大陆呈六边形，三边临水，三边靠陆。西北边隔芒什海峡（英吉利海峡）和加来海峡与英国相望，海底隧道将两国连接在一起；西部紧靠大西洋比斯开湾，沟通法国与西非和南北美洲的交往；东南部濒临地中海，与南欧和北非的水上交通十分便利，从这里经地中海穿越苏伊士运河还可到达印度洋和太平洋沿岸诸国。陆界自东北至西南依次与比利时、卢森堡、德国、瑞士、意大利、摩纳哥、西班牙、安道尔8国接壤。

法国全国人口6600多万，人口密度约为100人/平方千米，巴黎大区西半部、北部传统工业区、里昂工业区、罗讷河下游和东北部贝尔福地区人口较为稠密。其中信仰天主教的人最多，有4700万，穆斯林400万，新教徒95万，犹太教信徒75万，佛教徒40万，东正教信徒20万，信仰其他宗教的有470万。

法国国庆日为7月14日。法国是联合国常任理事国，也是欧盟主要成员国。

1. 地理

法国地势东南高，西北低。大陆部分平均海拔342米。60%的土地是海拔250米以下的平原，20%为海拔500米以下的丘陵，另外20%是崇山峻岭。北部的巴黎盆地是法国最广阔、最肥沃的平原，是法国农业最先进的地区之一，盛产甜菜、小麦、燕麦、蔬菜等。西南部的阿奎坦盆地农业发达，拥有专业化的葡萄栽培地区，盛产多种名牌葡萄酒。中南部的中央高原和东北部孚日山脉是法国形成比较早的山脉，而东部的阿尔卑斯山脉和汝拉山脉以及西南边境的比利牛斯山脉是法国海拔最高的地区，其中阿尔卑斯山脉处于法、意边境的勃朗峰海拔4807米，是欧洲的第一高峰。法国河流众多，主要河流包括北部的塞纳河，中部的卢瓦尔河，西南部的加龙河，东南部的罗讷河，东北部的莱茵河。

2. 历史

大约公元前1200年到公元18世纪，法国经历了从高卢时期，法兰克王国到法兰西王国的过程。1789年爆发法国大革命。同年的国民会议变成了制宪会议，封建权力被废除，公布了人权宣言，建立了议会君主制。1792年君主制被废除，第一共和国宣告成立。从1799年至1804年，第一执政拿破仑·波拿巴将军领导着法国政府。1804年拿破仑加冕称帝，即法国历史上赫赫有名的拿破仑一世。1815年，在拿破仑兵败欧洲"伐法同盟"、被囚圣赫勒那孤岛后，"大革命"前被推翻的波旁王朝复辟。1848年的欧洲革命，导致了法国君主制的最后崩溃。在1870年的普法战争中，法国战败。1914年至1918年爆发的第一次世界大战，法国及协约国取得了胜利，德国战败。二战爆发后不久，法国成为德军占领区。经过五年的战争，法国在1944年获得解放。

3. 气候

法国气候宜人，冬季平均气温6—13摄氏度，夏季平均气温在16—24摄氏度之间，年降水500—1000毫米，年雨日120—180天，雨量分布的趋势是自西向东递减。全国气候大致可分为四个类型：西北部濒临大西洋，受西风影响较大，属于温带海洋性气候，冬暖夏凉，气温年差较小，终年湿润多雨，云雾多，日照弱。东部距海较远，受大陆影响较强，四季鲜明，冬季寒冷，夏季较热，雨量显著集中于夏季，具有温带大陆性气候特点。南部地中海气候阳光充沛,以夏天炎热干燥、冬天温暖湿润为主要特征。法国中部高原介于前三个气候区之间,属过渡性气候。特点是气温较低,温差较大,雨量较多;山区年均气温较低,常有冰雪。

4. 资源

法国最主要的矿藏是铁矿,次为铝矾土和钾盐矿。此外,还有煤、石油、铀和铅、锌及小量的非金属矿藏。法国是世界上铁矿最丰富的国家之一,估计蕴藏量有70亿吨,居西欧之首。最大的铁矿在洛林,为西欧最大的铁矿区,储量有96亿吨,占全国的80%。煤矿储量为210亿吨,其中有100亿吨为褐煤,仅14.7亿吨有开采价值。其他矿藏,石油储量为3000多万吨,主要分布在阿尔萨斯北部。在加隆河口地带估计蕴藏2亿—5亿吨石油,为法国最大的油田。铀矿储量约5万—10万吨,钾盐主要分布在孚日山东南侧。有小量的铅锌矿。在非金属矿中,有为数不多的硫磺、石膏和石棉矿。水力资源集中在东南山区,有利于补充该区所缺乏的能源。

5. 政治

从1789年的法国大革命开始,民主制度就成为法国的立国之本。公民不论出身、种族或宗教信仰,在法律面前一律平等。共和国总统是由公民普选制选举产生的,任期5年。总统颁布法律并有权提出议案,要求公民投票表决。总统任命总理,并任命由总理提名的政府成员。法国议会由两院组成:国民议会和参议院,议会投票表决国际条约的通过与否。司法机构独立于行政和立法权。

6. 文化

法国是一个拥有璀璨文化的国度。17世纪以来,法国人一直扮演着重要艺术潮流先驱的角色,从洛可可艺术到印象画派,法兰西的土地上孕育了无数知名的画家;公元950-1500年是法国建筑史上的鼎盛时期,罗曼式和哥特式建筑风格的教堂像雨后春笋一样拔地而起。巴黎圣母院、圣心教堂、卢浮宫等建筑,都是世界建筑艺术的精华,诸如埃菲尔铁塔这样的法国现代建筑与古代建筑同样令人震撼;法国文学在世界文学之林有着不可替代的地位,福楼拜、雨果、司汤达、大仲马、巴尔扎克等,都是世界文学史上最耀眼的明星。

7. 经济

法国是发达的资本主义国家,国内生产总值长期位于世界前列。其经济以工业为主导、工农业均很发达。法国工业部门齐全,又以机械、冶金、化工、电子电器、纺织、服装、化妆品和食品等部门最为先进和著名。机械工业中,汽车、飞机、船舶制造发展迅速。钢铁工业历史悠久,目前钢产量位居世界前列。法国的化学工业以石油化工为主。食品工业以酿酒和乳品工业为主,法国的葡萄酒和乳酪世界闻名。法国农业实行以牧为主、农牧结合、多种经营的结构,生产规模呈集中趋势。法国是世界主要的谷物生产国和出口国之一，肉类、葡萄、甜菜等产量亦在世界上占重要地位。

8. 货币

欧元是目前法国的流通货币。分为纸币和硬币两种：纸币的面值为 500、200、100、50、20、10、5 欧元 7 种；硬币则有 2 欧元、1 欧元以及 50、20、10、5、2、1 欧分。

9. 语言

法国的官方语言是法语。法语是联合国通用语，也是 WTO 的文书语言；全世界有 24 个国家以法语为官方语言。目前，在北非、中非和东南亚等原法属国家，法语仍是通用语言。

10. 国旗、国徽和国歌

法国国旗为长方形三色旗，从左到右由蓝、白、红三条色带以 30∶33∶37 的比例组成的。关于三种颜色的含义，比较有代表性的有以下两种说法：一种是说三种颜色代表了"自由、平等、博爱"的法兰西精神；另一种则称法国三色旗是沿用了法国资产阶级大革命时期巴黎国民自卫队的队旗，其中白色居中代表法国国王及法国的神圣王权，而蓝、红两色则分列两侧代表巴黎人民。

法国没有正式国徽，但传统上采用大革命时期的纹章作为国家标志。纹章为椭圆形，上绘大革命时期流行的标志之一——束棒，象征权威。饰带缠绕于图案中间，上面用法语写着"自由、平等、博爱"。权标两旁饰以橄榄枝和橡树树叶。

法国国歌为《马赛曲》（*La Marseillaise*），于 1792 年在斯特拉斯堡创作，歌曲最初命名为《莱茵军战歌》，作者为鲁热·德·利尔（Claude Joseph Rouget de Lisle）。1795 年 7 月 14 日法兰西第一共和国决定将其作为国歌，后几度废黜，第二次世界大战结束后《马赛曲》再次被确定为国歌，直至今日。

11. 国花和国鸟

法国国花是香根莺尾花，其意义象征着"古代法国王室的权力""圣父、圣子、圣灵三位一体"和"民族纯洁、庄严和光明磊落"。

法国国鸟是公鸡，象征着勇敢和顽强。

12. 新闻出版

主要报纸有：《费加罗报》《世界报》《法兰西晚报》《解放报》《巴黎日报》。地方报纸主要有：《西部法兰西报》，它是法国发行量最大的报纸；《北方之声》。主要周刊有：《快报》《观点》《新观察家》《巴黎竞赛画报》《费加罗杂志》等。法国约有 6000 家出版社。通讯社有：世界五大通讯社之一的法新社，

1835 年创立。法国国家广播公司成立于 1975 年，下设 6 个广播电台。此外，还有国家广播公司和地方共同投资的 17 个独立的地方台。为加强对外宣传，国家广播公司专设独立的法国国际台，对外广播几乎遍及全世界。

第四节 法国留学的十大绝佳理由

1. 完善的高水平教育体系

法国具有历史悠久、体系完善的高等教育体系。相比国内，其教育机构设置更加合理，有以工科见长的工程师学院，有培养商业精英的高等商学院，有科研水平颇高的综合性公立大学，更有培养美术、设计、音乐、厨艺等各行业专业人才的一流院校，真正做到术业有专攻，使每个学生均可以找到适合自己的教育模式。

2. 学以致用的教学理念

法国的高等教育与企业界联系紧密，很多法国企业更是参与到高等院校教学大纲的制订当中。同时，越来越多的专业要求学生必须参与企业实习，正是这些实习，使学生在获得实践经验的同时，也得到了未来雇主的青睐。

3. 发达的科技和经济水平

法国是发达国家，位列世界前五的经济强国，在核电、电子、航空航天、通讯技术、交通、医学、农业、数学、财经、服装等领域都名列前茅。

4. 悠久深厚的文化底蕴

法国具有深厚的文化底蕴，有悠久的文明历史，有为数众多的名胜古迹和文化遗产，在这里诞生和生活过无数的文学巨匠和艺术大师，这个被誉为"世界艺术之国"的国度，为世界留学生打造了高质量的文化氛围。

5. 优雅而实用的法语

很多人将法语视为全世界最优美、最严谨和最高贵的语言，这点上仁者见仁，争论无益。不过有一点必须承认，在所有语言中，法语具有极高的国际地位，是联合国、国际奥委会及众多国际组织的官方工作语言之一，国际性的重要文件和重大合同、条约文本，均须具备法文文本。精通法语可直接与世界上两亿人口交流。

6. 世界通用的教育文凭

为配合欧盟教育制度标准化，包括法国综合大学在内的很多院校现采用欧洲 L-M-D 学制（即 3-5-8 学制）。法国大学颁发的国家文凭被全欧洲承认，并得到美国、加拿大等世界发达国家的认可。中法两国签署有文凭互认协议，在法国取得的国家文凭，得到中国政府的认证。

7. 平易近人的留学费用

法国综合大学免收学费，而注册费用也非常合理：每年注册费用仅需几百欧元。与此同时，在法国的生活费用，也比很多欧美发达国家低廉很多，在法国大多数城市和地区，一年 5 万—6 万人民币就可以保障日常生活。

8. 一视同仁的留学政策

法国一直遵循"自由、平等、博爱"的准则，无论从留学费用的收取还是留学院校和专业的选择，对待国际学生的政策均与对待法国本土学生相同，留学生亦可享受法国学生所有的各项福利与权益，所有学生均处于公平竞争的环境中学习和生活。

9. 完善的社会保障体系

法国是欧洲社会福利保障体系最完善的国家之一，而中国留学生在大学正式注册后，亦可享受到法国政府的住房、就餐和交通等补助。法国政府的住房补贴，约占学生住房开支的 30%—60%。外国留学生在大学城就餐，可以享受政府 30% 左右的补贴。此外，留学生还享有学生月票、铁路青年卡等交通补助。

10. 益密切的中法关系

法国作为首个与中华人民共和国建交的西方发达国家，一直在经济、教育等各领域与中国保持着密切的联系，尤其近些年来，通过两国互办文化年、语言年，再加上中法建交五十周年的热潮仍未退却，更是增进了两国各阶层之间的相互了解和交流。

第五节 "L–M–D"改革后的法国高等教育新体制

依照法国的教育体制，高中毕业会考证书（baccalauMat，简称 BAC）是中等教育阶段的终结，也是高等教育阶段的起点，在法国具有十分重要的地位。在法国，一旦获得"BAC"文凭，学生就获得进入高等教育阶段学习的资格，其作用相当于中国的"高考成绩＋大学录取通知书"。

法国高等教育各级学位与各类大学学历文凭（titres universitaires）之间的关系大致如下：

改革后的法国高等教育体制依照"学士—硕士—博士"（L–M–D）欧洲公认的三级学位架构进行组织，这一结构以获得高中毕业会考证书（BAC）后的有效学习年限作为参照来表述高等教育的学历等级，即：

Années   DOCTORAT
8   Ph.D.   博士
     博士
7
6   Ecole d'ingénieur
               高等工程师学院
                                        Ecole de Management
                                        高等商学院
5   MASTER
     Master degree   硕士   Cursus Grande   Cursus Grande
     硕士   Ecole (3 ans)   Ecole (3 ans)
4   3年学制   3年学制
     LICENCE
3   Bachelor degree   学士
     学士
2   Classe prépa   Classe prépa
                         (2 ans)   (2 ans)
1   2年预科班   2年预科班

Diplôme de fin d'études secondaires
高中毕业后

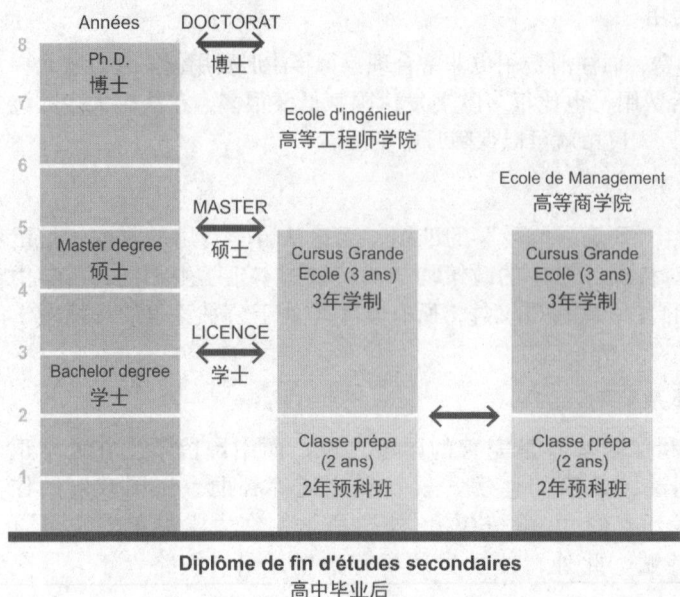

BAC+3 年 = 学士学位（Licence）（180个欧洲学分）；

BAC+5 年 = 硕士学位（Master）（300 个欧洲学分）；

BAC ＋ 8 年 = 博士学位（Doctorat）。

依照规定，工程师文凭为国家文凭，此类文凭的教学通常是由高等专业工程师学院完成。目前一些综合性大学也设立了工程师培养课程，课程教学由大学所设的完全符合高等工程师专业学院资格标准的内部机构来承担，并获得全国工程师职衔委员会（CTI）的资格认证。凡由经工程师职衔委员会定期评估合格并经国家认定资格的学校颁发的工程师文凭相当于新制硕士学位（Master），也就是说，工程师文凭持有者，可被授予新制硕士文凭。事实上在法国大学里修读的每一年课程，除了能获得相应的欧洲学分（ECTS）外，还能够受到一项法国文凭或证书的正式认可。

第六节 法国的特色高等教育

除了公立综合性大学以外，法国还拥有很多它特有的教育模式，在其他国家的高等教育体制中找不到完全对等的形式，是典型的法国特色。它主要包括大学校（Les Grandes Ecoles）和高等专业学院（Les Ecoles specialisees）。

1. 大学校 Les Grandes Ecoles

"大学校"在教学上专业性更强，也更重视教学与实践的结合，以培养社会各界的精英而闻名于世，在法国乃至欧洲的就业市场上得到了很高的认可，因此也被称为法国的精英教育。

主要包含以下几类学校：

（1）高等工程师学院 Les Ecoles d'ingenieurs

法国共有不同性质的高等工程师学院 200 多所。这些工程师学院专业设置涵盖了工学的所有领域，入学选拔严格、教学质量优秀、毕业生就业前景非常光明，被视为法国高等教育中的佼佼者。获工程师文凭者同时也被授予新制硕士学位（Master）；工程师文凭为国家文凭。

法国的许多公立高等工程师学院在国际上享有崇高的声誉，例如巴黎综合理工学院（Ecole polytechnique）、中央理工学院（Ecoles Centrales）、矿业学院（Ecoles des Mines）、国立路桥学院（ENPC）、国立高等工程技术学院（ENSAM）、国立综合理工学院（INP）、国立应用科学学院（INSA）以及几所工程技术大学（Universités deTechnologie，简称 UT）等等。

高等工程师学院须定期接受法国全国工程师职衔委员会（CTI）的资格认可与评估；该委员会隶属于法国国民教育部，是唯一有资格授权学校颁发工程师文凭的机构。工程师学院既培养通才型工程师（Ingénieurs généralistes），也培养专才型工程师（Ingénieurs spécialisés）。

（2）**高等商业与管理学院 Les Grandes Ecoles de Gestion et de Commerce**

法国共有将近 230 所商业与管理学院。这些学院或属于工商会（CCI），或属于私立的高等专业学院，提供适应经济环境演变及新的企业管理实践的专业课程，采用实习与国际交流密切结合的教学方法；不少高等商学院的课程使用法语、英语、西班牙语等多种不同语言教学。

这类学校中也有许多出类拔萃并在法国和欧洲享有盛誉的名校，例如巴黎 HEC 商学院、ESSEC 商学院、ESCP 欧洲高等商学院、EDHEC 北方高商、里昂商学院 EMLYON、格勒诺布尔高等商学院、SKEMA 商学院等等。

商学院颁发的文凭，除了大学校项目（GE/MiM）文凭外，其他 MSc 或 MS 等文凭均为校颁文凭，但都得到国家和企业界的承认。

（3）**其他公立高等专业学院 Autres Grandes Ecoles de statut public**

除了高等工程师学院和高等商业管理学院外，其他领域的大学校多为公立学校，其中知名度较高的包括：高等师范学院（ENS）、国立行政学院（ENA）、巴黎政治大学（Sciences Po）、巴黎高等研究实践学院（EPHE）、国立农学院（INA）、国立法官学院、国立文献学院、国立兽医学院等。这些学校不仅具有国际声誉，而且通常设有面向国际留学生或专业同行的专门课程。

2. **高等专业院校 Les Ecoles spécialisées**

法国的高等专业院校主要是一些诸如艺术、实用设计、时装、旅游、建筑设计、音乐、社会医疗卫生等专门领域的高等教育培养机构，他们与综合性大学互为补充，从而形成法国高等教育的完整格局。以下我们将着重介绍法国的高等艺术学院（Les Ecoles d'Art）、高等建筑设计学院（Les Ecoles d'Architecture）和音乐学院（Conservatoire）。

（1）高等艺术院校 LesEcolesd'Art

法国的高等艺术院校分为三类：

第一类是由法国文化部管辖并属于大学校（Grande école）性质的国立高等艺术学院（Ecoles nationales supérieures d'art），学制 4 年至 5 年，合格毕业生可获得由学校颁发的国家文凭。招生录取淘汰率高，具体程序因校而异，有的允许在学制中途插班录取，有的则不能。这类学校中最著名的有：国立巴黎高等美术学院（ENSB）、国立高等装饰艺术学院（ENSAD）、国立高等工艺设计学院（ENSCI）、国立高等图像与音响技术学院（FEMIS）、国立路易·卢密耶高等电影学院、国立阿尔勒高等摄影学院等。

第二类是高等应用艺术学院（Ecoles supérieures d'artsappliqués），属于国民教育部主管；它们也享有盛誉、教学质量备受应用艺术专业行家的一致公认；入学选拔严格、可颁发两年制（BAC+2）至五年制（BAC+5）的高等艺术教育国家文凭。这类学院最知名的有：高等应用艺术学院（Ecole Duperre）、家具与室内装饰工业高等应用艺术学院（Ecole Boule）、国立高等应用艺术与技艺学院（Ecole Olivier de Serres）、高等平面设计艺术学院（Ecole Estienne）、国立高等戏剧艺术与技术学院、高等戏剧艺术学院等。

第三类是由法国文化部主管的高等美术学院（Ecoles des beaux-arts）。高等美术学院分国立和区立（或市立）两类；无论国立还是区立，美术学院均可颁发三年制或五年制国家文凭；美术学院的入学选拔也极为严格。

艺术学院可颁发的国家文凭主要为以下三种：

"艺术与技术国家文凭"（DNAT）：职业性文凭，学制三年，设有"产品设计""立体设计"与"平面设计"三个专业方向。

"造型艺术国家文凭"（DNAP）：综合性文凭，学制三年，设有"艺术"、"传播"与"实用设计"三个专业方向。

"高等造型表现国家文凭"（DNESP）：学制五年，设有"艺术""传播"与"实用设计"三个专业方向。

（2）高等建筑设计学院 Les Ecoles d'Architecture

目前有 20 所国家和建筑师协会认可的国立高等建筑学院，获高中会考文凭后可直接申请；获得国家建筑师文凭（DEA）需经过两个阶段的学习。

第一阶段学制 3 年，可获得建筑学习文凭（DEEA），即高中会考后接受 3 年高等教育 BAC+3（相当于学士）。

第二阶段学制 2 年，可获得国家建筑师文凭（DEA），即高中会考后接受 5 年高等教育 BAC+5（相当于硕士）。

进入建筑师行业并加入建筑师协会，还需要国家建筑师文凭持有人再进行一年的学习，以获得以其名义统筹建筑项目的国家建筑师资质（HMONP）。

8 所国立高等建筑学院与工程师学校联合提供建筑师—工程师双课程项目。获建筑师文凭后（BAC+5），到工程师学校继续学习 2 年（BAC+7），还可以获得工程师文凭。

巴黎建筑设计专业学校（ESA）和斯特拉斯堡国立应用科学学院（INSA Strasbourg）均被国家和建筑师协会认可。获高中会考文凭后即可通过考试和材料申请巴黎建筑设计专业学校，毕业后颁发的文凭法律上规定等同于国立高等建筑学院的文凭。申请斯特拉斯堡应用科学学院需具有 BAC+1 的学历并通过入学考试，毕业后可获得应用科学学院的建筑师文凭（相当于国家建筑师文凭，工程师教育比重较大）。

（3）音乐学院 Conservatoire

严格来说，法国只有两所真正国立的音乐学院（Conservatoires nationaux）：

——里昂国立高等音乐舞蹈学院（Conservatoire national supérieur de musique et de danse de Lyon，CNSMDL）

——巴黎国立高等音乐舞蹈学院（Conservatoire national supérieur de musique etde danse de Paris，CNSMDP）

除了上述两校，还有 42 所区立音乐学院（CRR，也有人翻译成大区级公立音乐学院）和 101 所省立音乐学院（CRD），以及 323 所市镇所属或跨市镇的音乐学院（CRC/CRI）。

对于 CRR 来说，标准是学校肯定开设了音乐、舞蹈和戏剧专业，这些学校要开设完整的教学阶段，涵盖 3e cycle de formation des amateurs，并且开设一个进入高等教育学习的预备阶段（cycle préparant à l'entrée dans lesétablissements d'enseignementsupérieur）；CRD 则需要在音乐、舞蹈和戏剧专业中至少两个领域提供前两阶段的完整教学，同时涵盖 3e cycle de formation des amateurs 和进入高等教育学习的预备阶段；CRD 则需要在音乐、舞蹈和戏剧专业中至少一个领域提供前两阶段的完整教学，同时涵盖 3e cycle de formation des amateurs。

在传统意义上，只有巴黎和里昂的两所国立院校可以颁发演奏领域的真正意义上的高等教育文凭，比如 DFS 和 DNESM。

2007 年，为了让艺术类文凭进入学士—硕士—博士三级体系，学生毕业时可获得证明其艺术和技能水平的高等教育文凭 DNSP。该文凭有 4 个专业：国家高等职业音乐家文凭（DNSPM），国家高等职业演员文凭（DNSPC），国家高等职业舞蹈演员文凭（DNSPD）和国家高等职业杂耍艺人文凭（DNSP artiste de cirque）。

参加国家高等职业文凭学习的入学考试需具有以下条件：

——法国高中会考文凭持有人，或国外同等学历文凭持有人。

——根据选择的学科，音乐学院会有附加条件（比如申请国家高等职业音乐家文凭 DNSPM，需持有 DEM 文凭或职业方向国家文凭 DNOP）。

第七节 什么样的人适合法国留学？

其实，法国会向每一位有深造意愿且怀揣留法梦想的学生敞开大门。但从我多年的招生经验来看，在确定自己是否适合出国留学（或者是否适合现阶段留学）的时候，可以着重考虑以下几个方面：

1. 性格

性格过于内向的学生在国外无法与人顺畅自如地交流，无法很快融入当地环境，容易造成孤独感和挫折感，学习效率也会随之大打折扣，因此不适合出国学习和生活；相反，开朗自信且乐于沟通的学生，则是比较理想的人选。当然，学生还需要有较强的自律性，过于贪玩的学生也往往容易耽误学业。

2. 思维模式和个人能力

法国院校一直重视学生的哲学思辨的培养（这一点从法国 BAC 的哲学题目就可以看出来），教育模式也比较灵活，注重培养学生的思考能力，注重课堂上的互动和交流，所以能够掌握良好学习方法、有独立思考能力和判断能力的学生选择留学比较稳妥。

3. 学习状况

法国高校（尤其是公立院校）因为是属于国家财政拨款的，所以学生只需要负担注册费，在这种情况下，为了确保不浪费法国纳税人的钱，学校是不可能不对学生的学习能力做出要求的，对于高中毕业生来说，基本就是要参考高考成绩了（至少目前还是会参考）。如果高考成绩过低，是很难申请到合适的院校的，即使申请到了学校，签证也未必签得过。

4. 家庭经济能力

出国留学，家庭一定要具备相应的经济实力。之前曾经出现过，个别学生急于减轻家庭经济负担，从而因为打工影响了学业，未免得不偿失。一般来说，公立院校每年只需要几百欧元的注册费，私立院校学费较贵，可能在每年几千欧元到上万欧元不等。生活费的话，一般的外省城市在 5—6 万元人民币 / 年，而像巴黎这样的大都市生活费会比较高，可能会达到 8 万—12 万 / 年，具体取决于找到什么价位的住房，以及个人的消费能力。

此外，从留学动机和留学计划的角度，还要考虑以下问题：

（1）专业

首先要明确以下问题：你想学什么专业？为什么要到法国学这个专业？你

是否了解这个专业在法国的发展情况？你是否了解这个专业会学习哪些方面的内容？

（2）学校

需要明确以下问题：你想选择什么类型的学校？公立的还是私立的？是综合大学、大学科技学院、工程师院校、商学院，还是其他？你是否了解你想学这类学校的文凭属于什么类型，以及回国是否认证？

（3）城市

总体说来，小一点的城市比较安静，诱惑少，花费低，利于学习，但相对见闻比较局限；大城市则生活相对便捷，利于增长见识和拓宽眼界，但生活成本高，诱惑多。当然，巴黎是个特殊的例子，它是法国或是欧洲甚至是世界上最繁华的大城市，学习研究的资源也是最多的，无论是高中生还是大学生，往往对能到巴黎去留学更加痴迷。

（4）职业规划

你是否考虑到未来的发展方向？比如：毕业后希望从事哪个领域的工作？希望到什么规模的公司去工作？希望做到什么职位？你是希望回国发展还是在国外工作？

第八节 法国留学生的就业前景

对于选择留法的学生来说，自然十分关心学成之后可以干什么，相比国内或其他地区留学生来说有哪些优势？接下来，我将为大家详细讲述法国留学之后，可以优雅地做哪些事。

1. 校企合作让学生接受的教育和就业都有保障

外国的学校和企业联系紧密，教育的目的很明确，就是为了能在社会上发挥价值。法国提倡通过到企业实习的形式来实现学以致用。另外，法国高校和企业之间的合作很多，是双方面的，所以学校经常能邀请到专业人士参与教学。这种方式也使得他们的教育很有活力，学生即使在学校也能走在市场的前沿。

2. 法国的经济实力

一直以来，由于法国的顶尖艺术文化地位，它在世界经济的地位常常被忽略了。法国是世界上第五大经济体，国内生产总值占全球的5%，金融交易量占全球的6%。另外，法国是欧洲最大的外商直接投资接受国，它也是世界上第二大外商直接投资接受国。

来看看这些数据，你就明白了：

奢侈品产业排行全球第一；

实体分销大卖场行业欧洲排名第一，全球第二（包括家乐福零售连锁集团）；

农业位于全球第二，欧洲第一；

工业全球排名第五，欧洲排名第二；

全球 500 强企业中有 39 家法国企业；

法国航空公司与荷兰皇家航空公司 KLM 合并后成为世界最大的航空集团；

法国的高速列车（TGV）是世界上行驶速度最快的列车；

法国是世界上数字化领域最发达的国家。

3. 文化艺术实力

法国在平面设计以及 3D 动画制作等领域的专业教育水平位居世界领先地位，特别是在时尚界以及纺织业（如时装设计、纺织、皮货）等领域享有国际声誉。这使得许多法国艺术留学生回国以后有很好的发展。可以说，法国是艺术之国，艺术生的首选留学之地。

由于法国的艺术特质，很多法国留学生受到法国文化的熏陶之后，自身的形态气质会发生变化，这也是很多女生喜欢法国的原因吧。浪漫优雅已经成为法国的代名词。

4. 企业对多语种人才的需求，法语成为加分技能

在中国的跨国企业，特别是在华设立有分公司的法国企业为在法国获得学位的中国毕业生提供良好就业机会。中国留学生的开放性思维、适应多文化工作环境的能力、过硬的法语（和英语）水平、扎实的知识积累，以及在法国留学期间获得在法企实习的宝贵经历都使他们成为各企业争相猎取的人才。

5. 很多法国企业在中国开设了分公司或办事处，增加了对法语人才及法国留学人才的需求。

在中国，共有 850 个法国企业，设有 1800 个办事处。有 39% 的企业驻华代表处及区域分公司位于北京，31% 位于上海。自从 2002 年以来，法企在北京的代表处数量已增长了 70%。有 31% 工厂设立在上海，16% 设立在广州，广东省是吸引外资企业入驻的第一大省。

6. 中国法国工商会

在华的法国企业于 1992 年成立"中国法国工商会"，为法国在华企业提供服务，极大地便利了法国留学归国就业的留学生。中国法国工商会在北京、上海、广州、深圳、成都、天津、昆明、大连、沈阳、乌鲁木齐、重庆和厦门均设有办公室或联络处。

中国法国工商会是法国海外工商联合会（UCCIFE）成员。法国海外工商联合会共有 114 家会员商会，分布在 78 个国家，其中在亚洲有 20 多家，是全球第一大法国企业网络。

2012 年，中国法国工商会拥有 1400 名会员，已发展成全球第三大法国驻海外的工商会。2012 年，商会特别支持委员会成员达到 51 家，由 40 余名中法员工组成的团队，分布在中国不同的城市。

CCI FRANCE CHINE
中国法国工商会

THE FRENCH CHAMBER OF COMMERCE AND INDUSTRY IN CHINA

7. 法国留学归来可加入留法学友俱乐部，享受福利

留法学友俱乐部共有 9000 名会员，有 1 万余人订阅俱乐部的新闻信。留法学友俱乐部是帮助留法毕业生寻找就业机会的好帮手。曾在法国学习或实习过的中国学生可以通过留法学友俱乐部网站来获取招聘启事等信息。留法学友俱乐部还在各大城市举行商务交流晚会以及职业教育论坛，来帮助留法学友扩大职业交往圈，创造与用人单位见面的机会。

第二章
留学法国不可不做的背景提升

第一节 什么是背景提升？

背景提升这个词，是专门针对留学这一块来说的。之所以有背景提升，根本原因还是时代的发展要求。教育部最新数据显示，2016 年出国留学人员总数为 54.45 万人，持续保持上升趋势。与之对应的是，海外名校录取率却在逐年下降。学生越来越多，学校招生人数却没有显著增加。竞争激烈了，学校可选择的余地就多，那些背景好的学生自然会受到更多的青睐。

举一个简单的例子，两名中国学生一同申请国外名校，两人上的高中一样，GPA 相差无几，语言学习成绩也都相仿，但其中一人有丰富的游学经历，参加过一些有影响力的社会实践活动，做过一点儿研究，还发表过一些论文，甚至有自己的小专利。这两人中选一个录取，会选谁呢？毫无疑问，背景更加优秀的那位学生会胜出。这就是背景提升的意义所在。

那么，什么是背景提升？一般来说，背景提升包含三个方面的内容：

1. 硬件

这里的硬件主要是指 GPA、语言成绩，以及其他一些可量化的成绩。GPA 是申请者学习能力最直接、最基础的证明，一份持续优秀的 GPA 对申请者尤为重要。对中国的学生来说，这个硬件能力不是什么难题，十几年的应试教育，足以应付任何可以用客观分数来表达结果的考察。以新东方创始人俞敏洪为原型的电影《中国合伙人》中，主人公成东青的经历充分说明了这一点。为了去美国打一场官司，成冬青熟练背出所有相关法律条文，之后一番宣言式的讲话，是那个时代中国留学生关于硬件学习的最好总结。他说："我在来时的飞机上，把这本书背下来了，这是我 18 岁时就学会的技能。那一年，我背下了整本英文词典，我希望你知道，在中国学生里，我只能算作资质平庸，中国学生非常善于考试，你们无法想象，中国学生为了赢得考试所付出的辛酸，你们不了解中国。"

可以这么说，硬件是背景提升的基础内容。没有硬件，就没有后续的一切。但如果只是停留在硬件上，那就无需做什么背景提升了，所以，接下来才是背景提升最核心的内容。

2. 软件

这里的软件所包含的范围非常广，大到研究，小到实习，都可以算在软件里面，

25

为申请添砖加瓦。有很多学习成绩不是非常突出，但"软件"足够优秀的学生，也能得到名校的青睐。这样的人不在少数。

（1）**论文**：一篇高质量的论文，是一个学生专业研究能力的绝佳证明。如果和自己的申请方向匹配，将大大提升申请成功率。在我这些年的招生生涯中，曾帮助很多资质并不算特别优秀的学生提升了专业能力，有的直接被名校录取。所以，对于那些 GPA 不太好的学生来说，提升论文写作水平，发表一篇有水准的论文，可以直接弥补成绩的不足，不失为一个好方法。

（2）**专利**：专利是专业能力与实践应用的最佳结合。一项成功的专利会给你的申请增色不少。因为学校录取官看重的不仅仅是 GPA 成绩单，更看重的是申请人在申请专业领域的研究创新能力与应用能力。在这方面，没有比专利更具有说服力的了。

（3）**实习**：对于那些有志于商科院校的学生来说，实习是一个非常好的加分项。实习经历是一次社会身份的预演，能得到实习企业的认可，相当于实习企业为学校把了一次关。而且，实习经历本身有助于申请者提升个人综合素质，为将来的学业打下一个良好的基础。

（4）**跨国学习**：有跨国学习经历的人更容易得到认可。一则因为这表明申请者具备跨文化交流和适应能力，二则该经历本身就代表申请者具备相应的学术背景。越来越多的高中生、大学生报名申请海外合作院校的交流学习，大幅提升了留学申请的成功率。这一点，不管是从我本人十几年的招生经历，还是公开数据披露，都可以找到大量佐证。

（5）**游学经历**：游学经历不同于旅行，也不尽同于交流学习，它更像是一种接触式学习。游学相对于院校之间的跨国学习交流来说，时间比较短，可以灵活把握，更容易实现。游学虽然容易，但作用不容小觑。举个简单的例子，很多人都在网上看过卢浮宫的介绍，见识过埃菲尔铁塔的雄伟，不过要说感触，恐怕并没有什么特别的。但如果你身临其境，真正站到她的面前，你便能感受到那种潜在的力量，你的心灵会受到震撼，那感觉确实无以言表。2017 年年初，我曾组织过一次游学活动，带领长春东北师大附中 100 多名中学生，到巴黎七大、巴黎十一大及法国著名的圣玛丽安东尼中学进行了为期一周的游学交流，各方反响热烈，还得到了法国大使馆教育文化参赞的大力支持。这次活动对学生和我本人都产生了很大启发，很多学生也因此产生了对法国文化及教育的浓厚兴趣。文化的交流与认识，国际化视野的开拓，科学世界观的有益影响，都能在游学经历中得到很好的体现。

3. 心件

心件是什么？这里很难给它下一个完整的定义，因为它包含的内容实在太丰富了。那我们怎么理解心件呢？简而言之，我们可以将心件理解成做人、做事、做学问的准则与方法。心件关乎一个人是否有健全的人格，是否有包容的心态，是否有远大的视野，是否有科学的思维。可以这样说，心件既是价值观，又是方法论。

很多人将硬件以及软件看成是背景提升的重中之重，但在我看来，心件才是背景提升的关键所在。为什么这么说？我先卖个关子，稍后再解答这个问题。

第二节 对背景提升更深层次的思考

"背景提升"是近年来留学市场兴起的热词，它表明了名校择生的价值取向。针对新的留学时代，传统留学机构提供的硬件服务已远远不能满足其需要，但由于提供背景提升所需要的专业门槛太高，市场上很多所谓的背景提升并不是严格意义上的背景提升。这其中的缘由，固然有专业能力不足的关系，也有对背景提升理解上的偏差。

提到专业能力，我感触很深，因为背景提升不但关乎学生是否能申请到心仪的学校，更关乎后续留学生涯是否能完美达成预期目标。所以，留学生在做背景提升时，尤其要重视这两个方面：

一是培训老师自身的水准是否足够优秀。只有优秀的老师才能指导优秀的学生完成论文、专利、实习等背景提升方案。以我的亲身经历来说，凡涉及科学研究，都需要深厚的专业背景，严谨的科学精神，这也是我多年来的理念，追求与名校名师合作，团队中不乏各行业顶尖人才，唯有如此才能提升学生的背景优势。

二是培训老师是否按照法国目标学校的标准和方法来设计课程。有的学生可能会说，目标学校用的什么标准和方法，我也不大懂。这里其实有一个非常简便的方法，去查一下咨询机构有没有法国学校的授权文件。如果有，这就靠谱；如果没有，则要提高警惕了。或者，学生干脆登录专门管理法国留学的机构——法国高等教育署，也能查到咨询机构是不是有这个资质。

除了专业能力，对背景提升的理解上，一定要考虑到中外教育理念的差异。对于国内教育来说，分数几乎可以体现全部的教育成果，所以我们擅长标准化的东西。只要有标准答案，就没有考不好的试。而对于留学来说，仅仅分数高远远不够，因为有些东西，诸如科研、思维、价值等，分数无法量化。这个时候往往就暴露出中国学生的短板来，国外院校注重的那些背景，GPA、语言成绩、竞赛成绩、科研经历、实习经历、游学经历、社会活动经历等，很多都是我们所不重视的，学生基本没有意识，也没有机会去提升。

这些东西短期可以提升吗？有些是可以做到的，有些就不是一两天的事情。但如果有了这方面的意识，实现就相对容易很多。

比如论文与专利。通过一些专业辅导，你可以在研究方向和研究方法上得到具体的指导，无形中节省了宝贵的时间，也提高了出成果的几率。如果闭门造车，费时费力不说，结果也难言乐观。

再比如志愿活动和社会实践。个人有这个意识，其实不用背景提升，也可以寻找一些合适的锻炼机会。

还有一些背景提升，便不是短期能解决的了，比如竞赛、科研项目等。这些培训机构也不能代替你去做，需要个人不断付出时间和精力，才能真正提升自我。

所以，做"背景提升"，不能以应试教育的理念来提供服务，当以学生的实际需求为导向，详细考察学生的背景，帮助其选择合适的学校、合适的专业，并规划好背景提升的各个方面，切实督促学生按时完成计划。说起来很官方，其实归结为一句话——提升学生核心竞争力。留学服务的最高宗旨就是这个，再无其他。

毫无疑问，背景提升相当于一次"人生规划"，除了对咨询师的专业能力提出要求外，我们更要重视学生是否有正确的认知。什么是正确的认知？我认为以下三点是值得我们深思的：

一、背景提升强调的是"特点"

背景提升对个人最大的意义在于展示特点，而不是人云亦云，做别人的翻版。从功利的角度来看，背景提升是根据你当前的情况，以及留学的目标国、院校、专业规划一个比较切实的提升方案，使你变得更有竞争力，这当然需要突出特点，方能脱颖而出；从更高的层次看，背景提升真正关注个人的发展方向、兴趣，所有有益于实现这个目标的措施与方法，都可以是背景提升的内容。

二、背景提升展示的是你的未来

申请院校考察一个学生，更多的是着眼于未来，他们希望能从申请者过往的经历中，找到一些未来可供参考的东西。

比如科研，它能反映申请者作为研究人员的潜力；再比如志愿活动，它能展示申请者的社会活动能力，以及奉献精神；另外还有实习项目，也能在某些方面成为鉴定一个申请者是否具有"潜力"的可靠考量因素。

这就对我们提出一个要求：我们想要什么样的"未来"，最好都能在背景提升中找到对应的"过去"。如果找不到这些，对不起，你的申请可能就会被院校忽略。甚至有些人背景提升做了不少，依然被院校无情拒绝，因为他们做的背景提升与申请专业没有太大关系。

三、背景提升是一个需要长期坚持的过程

现在越来越多的学生和家长重视背景提升，这是一件好事。但同时也要认识到，背景提升不能急功近利，想着今天提升，明天就能看到效果，这不切实际。真正的背景提升需要付出持续的努力，三天打鱼，两天晒网的做法要不得，一定要长期坚持下去，才能开花结果。

第三节 再论心件的重要性

心件是个人安身立命之本，无论我们选择什么样的人生道路，都离不开心件的塑造与支持。对于即将踏入异国他乡的留学生来说，心件尤为重要，因为我们要在一个完全陌生的文化环境里生活。心件如果不全，很可能成为制约留学成功的关键因素。

我们怎么看待心件？从价值观的角度来看，心件关乎一个人怎么看待自己，怎么看待世界；从方法论的角度来看，心件则关乎一个人怎么做人，怎么做事，怎么做学问。其实，无论是价值观，还是方法论，我们提出心件的问题，只有一个终极目标：成功留法，留法成功。这也是背景提升关于心件的核心内容。

受北京师范大学管理哲学博士班晏辉教授的"伦理学"课程的启发，我们可以从"信、知、情、意"四个方面分别阐述，并给出三个关键词，以期对留学生稍有帮助。

首先说四个方面：

1. 信

信是对世界的认识组成部分，是一个很深层次的概念。它既是信仰，又是信念。信仰很好理解，我们常说的政治信仰、宗教信仰，都包含在这个范畴里。

信念则是对自己或他人的认知。比如，我们坚信自己的能力可以得到释放，我们坚信生活可以得到持续改善，我们坚信与陌生人的交往可以互惠互利等。

2. 知

知是认知。它包含两层意思：一是认知正确，二是正确认知。这里同时涉及价值观和方法论。认知正确毫无疑问属于价值观的范畴，而正确认知则属于方法论。对留学生来说，相对于价值观，方法论更为重要。因为有相当一部分留学生，高中阶段就选择了留学道路，价值观正在形成期，不会一成不变，我们所能控制的，就是正确的认知方法。比如，去掉先入为主的成见与偏见，有包容心，能与时俱进。

3. 情

情是由于人或物有无价值而引发的内心体验，涉及我们对他人的态度。情的类型有情感和情绪之分。情感的特点是深沉、类型化、评价性，而情绪则有偶然性、短暂性、非评价性的特点。大多数人对情感都能给予足够重视，反而对情绪缺乏管理。这里我要特别强调一下，留学生活会有很多意想不到的困难与变数，需要我们时刻管理好自己的情绪，不以物喜不以己悲，方能给留学提供最大的助力。

4. 意

意指的是意志，包括动机和意志品质。意的重要性体现在行动的持续上。比如某些人留学的动机非常强烈，愿意为此付出更多的努力，相对来说成功的可能性就更大；再比如某些人具有坚毅的意志品质，面对困难的时候，才更有可能坚持到底。

说完这四个方面，接着讲一讲我要特别指出的三个关键词：

关键词一：文化包容

出国留学，包容心异常重要。这里的包容，主要是认识到文化的多样性。文化没有高下优劣之分，只有民族性的差异。包容既是对留学目标国文化的尊重，也是对本国文化的尊重。为什么这么说呢？因为有些人总是持有二元对立的文化观、世界观，认为这个世界非此即彼，不是外国的月亮圆，就是中国的月亮圆。出国之后，或者看不惯国外的生活习惯，或者对本国文化弃之如敝履，这都是不足取的。古语有云："泰山不拒细壤，故能成其高；江河不择细流，故能成其深。我们又有什么理由不对各国文化敞开心胸接纳，兼收并蓄呢？

关键词二：自信

自信是新时代留学的关键词。20世纪的留学，我们致力于当一个三好学生，好好学习，天天向上。因为我们落后太多，除了不顾一切抓紧时间学习，没有其他选择。如今的留学，更多的是一种参与。时代的发展，要求我们更多地了解世界，同时让世界接纳我们。如果对自己不自信，对未来不自信，恐怕很难达成留学成功的既定目标。

关键词三：工匠精神

说到工匠精神，不得不提欧洲那些百年老店。就拿世界珠宝品牌标杆卡地亚来说，每一个微小的细节背后都透着工匠师傅们数十年如一日的认真与负责。

法国巴黎和平街13号，我曾多次到这里参观游玩，这里就是世界奢侈品领导品牌卡地亚高级珠宝工作坊所在地。从1899年起，这家百年老店凭借着对社会风潮的准确判断及顶尖技艺的执着探索，设计出无数具有独特生命力的珠宝饰品，一路走到今天。

在卡地亚珠宝工作坊中的珠宝师、镶嵌师、抛光师、铸造师等各工种的工匠，从业大多已逾20年。他们数十年如一日，不曾有丝毫懈怠，也不曾有片刻马虎。曾经有一位中国名人到此探访，看到工匠师傅拿起一块珠宝，对背面一个很不起眼的微小瑕疵不停打磨，有时甚至持续一天，于是很不解地问道："没人会关注珠宝背后是否有瑕疵，有必要那么精细地处理吗？"工匠答道："也许顾客不会看到，但上帝会看，我们不能允许任何一个细节影响到珠宝的整体美观！"

其实，何止做事需要工匠精神，留学亦需要工匠精神。什么是留学的工匠精神？我将之总结为三个"为了"：为了研究留学，要静下心来；为了未来留学，要与时俱进；为了应用留学，要联系实际。

静心、实际、与时俱进，这既是我对留学工匠精神的阐释，亦是对要踏入异国他乡留学的高中生、大学生的最大期望。

第三章 留学前辅导

第一节 职业测评，了解自己（MBTI）

职业测评是申请留学之前的一项重要准备工作。最常见的职业测评是"MBTI"，其全称是"Myers-Briggs Type Indicator"，即迈尔斯布里格斯类型指标。它是由美国心理学家凯恩琳·库克·布里格斯和她的女儿伊莎贝尔·布里格斯·迈尔斯依据瑞士心理学家卡尔·荣格划分的 8 种人格类型为基础制定的。MBTI 的意义在于自我评估。它是一种报告式的性格评估理论模型，用以衡量和描述人们在获取信息、做出决策、对待生活等方面的心理活动规律和性格类型，以供测评者制定职业生涯规划所参考。

什么是性格？性格有哪些种类？

心理学理论认为，"性格"是每个人特有的行为倾向，可以对个人外显的行为、态度提供统一的、内在的解释。"性格"具有整体性、结构性、持久稳定性等特点。

MBTI 把性格在 4 个维度上进行分类，每个维度上包含相互对立的两种偏好：

外向（E）和内向（I）

感觉（S）和直觉（N）

思考（T）和情感（F）

判断（J）和知觉（P）

4 个维度上的偏好分别组合，就构成一系列特定的性格。比如：ESTJ 代表"外向—感觉—思考—判断"型性格；ENFP 则代表"外向—直觉—情感—知觉"型性格。这些性格组合一共有 16 种不同的大的性格类型，每一种性格类型都具有独特的行为表现和价值取向。

职场有一句话，性格决定命运。性格类型深刻影响着我们观察事物的角度、思考问题的方式、决策的动机、工作中的行事风格，乃至人际交往中的习惯与喜好，所以，怎样扬长避短，根据性格类型找到最佳的职业定位、规划未来的职业发展、为个人发展铺就最佳途径是摆在每一个人面前最重要的问题。

MBTI 测试评估方法与人格类型分类解释

MBTI 采用量表与自评相结合的方式来进行评估。MBTI 所用的量表包含一系列问题，每个问题两个备选答案，要求受测者在放松的状态下完成选择，最后结合自评确定自己的性格类型。MBTI测评的结果没有优劣之分，旨在不断引导人们暴露进而认清自我的本来面目。

MBTI测试的结果指向以下16种人格类型，这里列举如下，并简要提示其特点。

ISTJ：十分留意且乐于任何事，全力投入，负责任；行事务实，照设定成效来做出决策且不畏阻挠与闲言会坚定为之；重视传统与忠诚。

ISFJ：安静、和善；行事尽责投入；愿投入、吃苦，对细节事务有耐心；考虑周到会关切他人感受。

INFJ：会在工作中投注最大的努力；因坚守原则而受敬重；追求创见、关系及物质财物的意义及关联。

INTJ：具强大动力；对所承负职务，具良好能力于策划工作并完成；具怀疑心、挑剔性、独立性、果决。

ISTP：有兴趣于探索原因及效果；能擅长于掌握问题核心及找出解决方式。

ISFP：羞怯、敏感；谦虚，不喜争论；无意于领导却常是忠诚的追随者；办事不急躁；喜欢有自有的空间。

INFP：具好奇心且很快能看出机会所在；行事会具弹性、适应力高且承受力强。

INTP：习于以逻辑及分析来解决问题，追求可发挥个人强烈兴趣的生涯。

ESTP：擅长现场实时解决问题，倾向于喜好技术事务及运动，专精于可操作、处理、分解或组合的真实事务。

ESFP：外向、和善，喜欢与他人一起行动，能立即适应他人与环境，对生命、人、物质享受的热爱者。

ENFP：热忱、活力充沛、富想象力的，对难题很快就有对策并能对有困难的人施予援手。

ENTP：反应快，善于激励伙伴；对解决新及挑战性的问题富有策略，但会轻视或厌烦经常的任务与细节；易倾向于转移至新生的兴趣。

ESTJ：不喜欢抽象理论；具决断力、关注细节且很快做出决策；会忽略他人感受。

ESFJ：诚挚、爱说话；重和谐，有兴趣于会直接及有形影响人们生活的事务。

ENFJ：具有能鼓励他人的领导风格；对别人所想或希求会表达真正关切且切实用心去处理；爱交际、受欢迎及富同情心；喜欢带引别人且能使别人或团体发挥潜能。

ENTJ：坦诚、具决策力；长于发展与实施广泛的系统以解决组织的问题；过度自信，会强于表达自己的创见。

第二节 面向未来发展能力的"CSAT"

对留学来说，相比"MBTI"，"CSAT"更加重要。因为职业测评只是作为职业生涯规划的一个参考，没有优劣高下之分，而CSAT测评则是留学申请的一个重要考量。

所谓"CSAT"，全称是"Comprehensive Student Assessment Test"，即学生综合能力测评。"CSAT"考察的是面向未来发展的能力，即批判思维与决策能力、创新思维与学习能力、沟通协作与社交能力、适应调节与执行能力、社会认知与领导能力、自我认知与激励能力等六大能力，此外还有语言能力。这七大能力涵盖了知识、技能、工作习惯、性格特征等几乎所有方面，通常在学术、科研、职业生涯等发展中，都需要运用以上七个方面的能力。通过CSAT测评，你将能更加精确地了解自己以上能力的发展情况，并针对不足制订相应提升方案，有的放矢，为留学申请提供强有力的帮助。

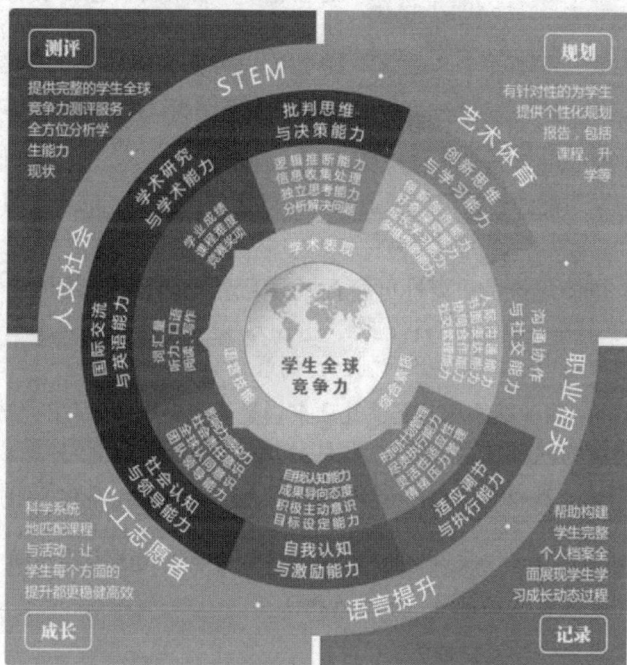

在这里，我们结合学生实际测评数据，详细讲解一下除语言能力之外的六大能力。

下图是某学生实测结果，六大能力，二十四个小项

第一项是批判思维与决策能力。

批判思维与决策能力包括逻辑推断能力、信息处理能力、独立思考能力、分析解决问题能力。

批判性思维需要有强大的信息整合处理能力以及强大的逻辑思考能力。另外，是否能独立思考，也是考察一个人是否具有批判性思维的重要因素。

以上图为例，该同学分析解决问题的能力、逻辑推断能力、信息收集处理能力都比较弱，独立思考能力倒是不错，综合来看，本项素质能力测评不算高。具体分析：①逻辑推断能力：能够理解信息与论据之间存在联系，但无法确定联系的性质；②信息收集处理能力：收集的信息比较单一；③遇到问题尝试运用多种方法解决，但没有较好的解决方法；④分析解决问题：能够深入看待问题，但无法根本解决，思考有时可以得出结论。

第二项是创新思维与学习能力。

创新思维与学习能力包括创新创造能力、好奇探究能力、成长学习能力、多维想象能力。

当今社会，创新思维的重要性毋庸置疑，无论对于学业，还是对于科研，都离不开创新思维的引领。创新思维首先要有好奇心，好奇心不足的人不足以持续创新，还要有丰富的想象能力，才能大开脑洞，得到意想不到的收获。

本例中，该同学测评结果相对其他几项来说是比较突出的，尤其是成长学习能力，这表明其具有持续的创新与学习能力。具体分析：①创新创造能力：可以展示创造力，应用有创意的想法，通过现有的知识和资源为工作做出现实有益的贡献；②好奇探究能力：具有强烈的好奇心，喜欢探索；③成长学习能力：愿意尝试，能接受失败，善于反思过往学习经历；④多维想象能力：知识面丰富，能融会贯通不同专业领域的知识，可以超越现有技术界限，拓展自我认知。

第三项是沟通协作与社交能力。

沟通协作与社交能力包括人际沟通能力、书面表达能力、协同合作能力、社交管理能力。

在团队协作无比重要的今天，沟通协作与社交能力日益为各大企业所看重。这项能力需要有相应的人际沟通与社交管理能力，还要有协作的意识。除此之外，书面表达能力也是一项重要考察指标，因为书面沟通也是协作或社交的一种重要方式。

本例中，该同学具有较高人际沟通能力和社交管理能力，书面表达能力也不错，但协同合作能力较差。具体分析：①人际沟通能力：能有效思考信息的含义，可平衡不同的观点，特别是在多文化环境下；②书面表达能力：能够对文章重要信息进行归纳总结；③协同合作能力：参与小组工作并做出贡献；④社交管理能力：愿意为了团队目标而妥协，沟通高效，可以有效激励他人。

第四项是适应调节与执行能力。

适应调节与执行能力包括情绪压力管理、灵活性适应性、尽责执行能力、时间计划管理。

适应调节能力看重的是学生在压力情况下的情绪调节能力与适应性，而执行能力更看重时间与计划管理。这两项能力具有很强的相关性，适应能力强，则更可能在压力下完成计划。

本例中，该学生情绪管理能力较弱，不理解失败的尝试是必要的，不懂得缓解压力，无法处理压力下的情绪变化，这就导致其适应性差，在时间与计划管理上不能应对外界压力，这是其能力之短板，需要提高。具体分析：①情绪压力管理：不能正确对待失败的尝试，不能缓解压力；②灵活性适应性：当计划有变时，有时可以调整方案以应对，但效果不佳；③尽责执行能力：态度稍微有些消极，有时不守道德，容易分心；④时间计划管理：不能总是按时完成工作，无法处理突发事件。

第五项是社会认知与领导能力。

社会认知与领导能力包括团队领导能力、全球公民意识、社会责任意识、影响力与感染力。

社会认知与领导能力往往为我们所忽视，因为我们关注自身多，关注社会少；关注自己多，关注别人少。大多数时候，我们宁愿管好自己的事，而不试图影响他人。所以，对与申请国外的院校，尤其法国院校来说，这一项能力值得引起我们的重视。

本例中，该学生除社会责任意识比较强外，其他几项能力与意识相对差很多。具体分析：①团队领导能力：尝试根据成员个人情况不同分配任务，有时能倾听他人想法，但也经常认为别人是错误的；②全球公民意识：对别的文化有限的欣赏与尊重，有时显得冷漠，会忽略不同的观点和看法，但事后也会努力弥补；③社会责任意识：尝试完成大部分工作，但不能人尽其才，各司其职；④影响力与感染力：有时太过自我，时有不诚信之举，可有限激励他人。

第六项是自我认知与激励能力。

自我认知与激励能力包括成果导向态度、自我认知能力、目标设定能力、积极主动意识。

自我认知与激励能力首先需要一个好的态度，愿意积极主动进取，为此设定目标，以成果导向。此外还要有一个好的自我认知能力，所谓知己知彼，百战不殆。

本例中，该学生综合评定中等，积极主动意识相对较强，其他相对较弱。具体分析：①积极主动意识：试图展示出主动性，会为自己设定具有挑战性的目标；②成果导向态度：基本能达到工作预期，但遇到挫折会放弃；③目标设定能力：能平衡短期和长期目标，但有时效果不佳；④自我认知能力：比较了解自身优缺点，但不知道如何对待，尝试反思过往，但很少选择改变。

第三节 心理调整，应对挑战

关于留学过程中心理健康这个问题，过去很长时间以来没有得到应有的重视，以至于出现了很多不该发生的悲剧。不过随着时代发展，人们逐渐意识到，留学生心理健康辅导不是可有可无的事情，而是一件可以给社会、给个人带来极大益处的事，故国外很多学校都开展了相关心理辅导服务。但在国内，就学生出国之前的心理辅导这一块却始终是个空白。

前不久，我致信巴黎著名的华裔心理学家许丹，就留学生出国前心理健康辅导这个话题交换了一些看法，也得到了她的认同。我们一致认为，留学生出国前做相应的心理辅导，可帮助他们正确认识自己，正确应对未知的环境，更好地适应异国节奏，为后续的留学成功打下坚实的基础。

留学前心理辅导的目标：

1. 引导学生正确认识自己以及自己的家庭；

2. 帮助学生明确出国的目标，树立正确的价值观；

3. 帮助学生建立强大的自信，面对各种选择时能坚定自己的想法；

4. 帮助学生建立坚强的信念，勇敢面对即将到来的海外生活，告知他所要面对的困难，并和他探讨解决方法；

5. 让学生了解如何对待自己情绪的低落和思乡的忧郁，化解内心的焦虑，顺利度过整个留学生涯。

以上指出的这五大目标，只有学生亲身经历才能找到正确的应对方法。所以，留学前心理辅导的重要意义在于提高意识，明确方向，这样当问题出现的时候，才不会过于慌张，一点头绪也没有。

为了实现以上五个目标，学生本人需要进行自我调整。调整主要针对以下几个方面：

1. 多与人交流，提高心理素质

不要惧怕与人交流，只有打开心扉，与人交流，才能慢慢熟悉环境，平稳度过最初的适应期。

2. 信心是关键

展示自己的优势，尽力弥补不足，这样你会更加自信。

3. 降低预期

很多人对出国有不切实际的预期，有的人觉得外国的一切都好，结果到了国外，遇到点小问题，便开始怀疑一切，感觉万事不如国内。这就是不善于管理自己的预期。对于出国，要抱有平常心，不以物喜不以己悲，平和最关键。

4. 尽力丰富自己的生活

调整心理，有一定的私人空间是必要的，但切忌独处时间过长。一旦独处时间长了，很多人便胡乱猜想，给自己增添不必要的心理负担。所以，让自己的生活充实忙碌起来，学业之外，多参加社会活动，将自己填满。

5. 规律起居

不规律的起居会让人日夜颠倒，生物钟紊乱，身心受损。对于初到国外的人来说，可能要经过一段倒时差，才能适应新的起居时间。所以，出国之前，这方面的心理调整是必须的，一定要提前强化这个意识。

6. 告别旧生活，迎接新挑战

留学意味着新的生活，新的挑战。有人不舍过去，没关系，你依然可以给过去的朋友打打电话，发个短信，上网聊聊天。时间是最好的良药，每个人都有新的发展，新的生活，所以，我们要勇于告别过往，迎接未来。

第四节 行前寄语：听话的孩子不会太差

成功留学不难，但是需要努力，要"听话"。

在学习的问题上，没有谁是权威，同样的努力不能带来同样的效果，所以现在都讲究量体裁衣；努力以外，我们也讲"听话"，这里有多层涵义。

听自己的话

学习做事要自己找感觉，不盲从。我们可以看到兜售灵丹妙药的都不是治病救人的，不努力没有主见的人才会道听途说，偏听偏信，最后也是吃亏的结果。

我们江苏省的一个学生，一直想学语言类专业。高中毕业后到台湾一所大学学习法语，觉得进度慢又放弃了，回到国内开始寻找法国留学的资源。她的家长几次见面和我谈起她的求学经历，家长没有抱怨孩子浪费时间，没有说别的学校不好，每次都是安静地告诉我她的孩子想学什么，想做什么。当学生一家确定通过我们的巴黎大学班学习，之后进入巴黎七大应用外语专业学习的那一刻，我感到很激动也很荣幸。

我们发现了一个孜孜不倦的勤奋学生，发现了一个能为自己做主的未来学者，她听自己的话，懂得独立思考又知道自己要做什么；家人支持付出很多，也为她跑遍江浙沪寻找适合的学校项目。她们一家人的决定也给了我启示：招生，不是卖拐，也不是凑数，是给学生铺路架桥，让他们离自己想成为的样子更近。

听老师的话

留学法国这条路上，也许让你记忆最深的是你的第一位法语老师。

现在国内好的老师越来越不常见了，虽说老师都是做传道授业解惑的工作，但是每位老师的经历、能力、责任心差别很大。当然，这也要看学生，往往在上课时主动问问题，下课认真做作业并有拓展训练的学生受益最多！

听专业人员的话

专业人士这个头衔不敢乱用，所以用了专业人员来定义我们十年来没做过其他事，仅仅围着几个法国大学转，咨询超过两千名学生的经历；当然，我们也毕业于法国的大学。

说起来也许大家觉得单调，怎么能只做这几个大学还做了十年不变？怎么能不去涉足别的行业赚赚钱？怎么不去扩大经营，拓展业务？

如果一个学生咨询法国大学，顾问给学生带到美国，我只能佩服这个"专业人员"的营销手段，而不敢评价其专业知识。任何业务都需要时间积累才能熟悉，遇事不分心，遇难不放弃，才能有所建树，术业有专攻！

学生经常会评价，这个人讲得好，那个人是个骗子；其实各行各业都是如此，总有真假让我们学会做事识人，不过为了不把时间浪费在受骗上当的路上，还是多咨询下官方机构，多问问说话靠谱的学校代表，看看官方微博。

第五节 正确看待留学

时代在发展，留学呈现新特点。一方面出国留学的人多了，另一方面归国效力的人也多了。于是有人糊涂了，我该不该出国留学？出国留学到底能给我带来什么？那么，这里我们就深入分析一下，留学能带给我们什么？

先来看看出国的都是哪些人。出国的人，大体可以分为如下四类：

第一类，为了学术研究

这类人出国留学，目标明确，就是要在学术上有所建树。那么，总体来说，出国留学是很必要的，因为在很多科研方面，我们与国际上那些顶尖院校还是有些差距的。当然，这个差距在缩小，不远的将来，可能领先的是我们，为了学术研究而出国的人会减少。但就目前来说，去国外顶尖院校，找专业内顶尖的导师，依然是主流。

第二类，为了社会交往

这类人出国留学的目的也很明确，就是为了接触不同国家不同行业的精英，扩大自己的人脉。所以，他们大多选择商科院校，为的是有机会接触那些可能对他们的未来提供帮助的人。

第三类，挑战自我

这类人喜欢挑战，希望通过留学选择一条新的人生道路。我们身边不乏这类人。比如在国内读了一个冷门专业，不甚喜欢，可以通过留学变换职业生涯，重新开始。

最后一类，冲动型留学

这一类留学者可能只是一个突然的想法，或者身边某位同学去留学了，自己受到了影响；或者忽然感到"世界那么大，想出去看看"。总之，这类人目标还不甚清楚，只有经过一两年留学时光，才能真正找到自己的方向。

以上几种留学目标，是否都能给我们带来提升呢？毫无疑问，答案是肯定的。所不同者，提升的程度略有差异而已。

提升一：国际化的视野

什么是国际化的视野？中国有句古话，叫"读万卷书，行万里路"。所以，如果你能真正了解国外的生活状态，理性看待他们的文化，认识到双方的不足与优势，这就代表你有了国际化的视野。有国际化视野的人，不会盲目追捧或者贬低西方，更不会盲目追捧或贬低母国。他们会对比中西两种文化和观点，实事求是，得出自己的结论。

留学期间接触到不同文化的人，会让留学生更客观看待眼前这个世界，认识到这个世界运行的基本规律。在国外待久了以后，不会觉得民主可以救一切，当然也不会认为专制更好；他们会觉得自己生活的世界里，是一个天然多元化的国度。

当你去跨国企业应聘，或者到国外开拓业务，你就能明白，国际化视野意味着什么。一句话，了解、尊重、多元，不要妄自菲薄，更不要夜郎自大，这才是国际化视野应有的态度。而这些，不去留学，你很难真正体会到。

提升二：重塑个性，强调自我

中国的教育，历来不鼓励学生的个性发展。所以，中国基础教育出来的学生，考试成绩特好，但也千人一面，特点不突出。求同固然可以和谐，但学术需要创新，科研需要创新，发展更需要创新。到了国外，你会发现，几乎每个人都有自己的想法，都有自己的主张，而且不用为此承担世俗的压力。这种氛围之下，更有利于个人综合素质的提高。

提升三：质疑精神

质疑精神建立在我们刚才提到的个性塑造的基础上。坚持个性之人，方能坚持自我，敢于质疑一切。西方的学生敢于质疑一切，而教授不以为忤。国内则不行，国内流行标准答案；既然是标准答案，自然不能质疑。

质疑精神意味着不盲从权威，敢于挑战权威。说到这里，我不禁想起了一个令人感到伤感的案例：一架韩国航空的飞机因机长操作失误而坠机，机毁人亡。针对事故原因的调查结果显示，副驾驶本来有机会提醒机长正确操作，但最终由于不敢质疑机长的判断而选择了沉默。悲剧没能避免，令人扼腕叹息！

提升四：独立精神

国外流行的成人礼，十八岁甚至更早，会选择一个人长途旅行，作为独立之开始。这种独立精神与生俱来，是我们所缺乏的。国内有些学生，别说十八岁了，就是二十八岁，也还不曾离开父母生活。社会上的一些"啃老族"，不就是这种人的真实写照吗？

留学不但意味着重新开始，更意味着独立精神。这是一种以荣誉、责任、表率、勇气、克制、自律、奉献等一系列价值为核心的先锋精神。

幼稚止于成熟，成长始于留学。

提升五：更高的起点

如今，留学的人多了，归国的人也多了，是不是意味着留学无用了呢？显然不是这样的。据 BOSS 直聘网发布的《2017 海归人才就业创业报告》显示，海归人员在整体就业竞争力上较国内双一流大学有明显的优势，这个优势体现在起薪和中长期回报上。

从地区来看，美国、法国海归留学生更受欢迎，澳大利亚、英国紧随其后，日、韩、新加坡等稍逊一筹。所以，海归含金量还是很高的，尤其是赴法的留学生。这个自信还是要有的。

正确看待留学，并不是说留学一定"能比他人过得好"，但至少你开阔了眼界，增长了见识，多了一份历练。更重要的是，留学带给你无限的可能和发展空间，是成长的催化剂，是漫漫人生路中一笔宝贵的财富。

第六节 专访全法学联主席王珂：赴法留学心理注意事项

本篇专访是汤叔对王珂先生的一次深入的采访。在采访中，王珂先生不仅仅分享了自己的法国留学工作经历，重点讲述了一些留学心理调整问题，更为大家揭开了"全法学联"的神秘面纱，相信对大家的留学之路不无帮助。

汤叔，毕业于北外法语系，从事法国留学相关事务 15 年，2010 新浪五星金牌留学顾问，2011 微博风尚教育达人。

王珂，2007 年 2 月赴法留学，法国巴黎十一大会计审计硕士毕业。现就职于毕马威（法国）会计师事务所财务咨询部，同时为毕马威（法国）中国业务发展中心工作。曾任第 28、29 届全法中国学生学者联合会主席。

以下为专访实录：

汤叔（以下简称汤）：你是什么时候出的国？当初你为什么选择法国留学？真的到了法国之后，和你想象中的留学生活一样吗？最初有没有哪些不适应？如果有，又是如何克服的？

王珂（以下简称王）：我是 2007 年 2 月抵达法国开始留学生活的。当初选择法国的原因有以下几点：

1. 法国的教育水平与美、英等国相比虽略有差异，但是不大，属于高等教育发达国家。

2. 我成长在一个工薪阶层的家庭，法国的公立大学对于所有学生的待遇是一样的，没有学费，只收取少量注册费。这一点也是我选择留学国家时候的一个考量因素。

3. 可以学一门外语。

现实总是很骨感，对于我来讲换了新环境，一切是从零开始，无论是从语言上，还是生活上。语言主要体现在学习方面，上课听不懂，记不下来是刚刚开始上课时候的写照。为了能跟上，下课找法国同学借笔记复印，回家复习成了一个最有效的方式；那个时候钱包里的复印卡成了和长居以及银行卡同等重要的物件。生活上的不适应相对于学习上的不适应会小很多，主要是饮食和法国人的生活习惯（比如：周日很多超市不开门等），慢慢适应就好了。

汤：在法国，你就读的是哪所学校？能为我们简单介绍下吗？你一直都就读于这所学校吗？在你眼中，这是一所怎样的大学？

王：我在法国一直在巴黎一大（巴黎南大学）就读。近两年，法国搞教育改革把包括巴黎一大在内的，如巴黎综合理工（X）、巴黎中央理工（Centrale Paris）、巴黎高等电力学校（Supelec）等名校合并到一起组成了巴黎萨克雷大学（Université Paris Saclay）。巴黎大是一所以理工类见长的综合类大学，在我眼里，十一大的校区特别大，特别多；仅仅在学校主校区的 Orsay 地区山上山下都是十一大的校园；我所在的是 Sceaux 校区，这里是十一大的经管及法律校区，所有相关专业的学生全部在此学习。

汤：你在法国学习的专业是什么？这个专业究竟是学什么的？

王：我硕士研究生的专业是管理科学方向，会计审计控制（Comptabilité Controle et Audit）专业。这个专业旨在培养在财务及其管理方面专业人才。毕业后的就业方向主要面向各企事业单位的财务及管理岗位。

汤：在法国大学里学习是怎样的体验？学习方式有什么特别之处吗？也是依靠期末考试分数来决定是否通过吗？公立大学的实习又是怎样的？是强制的吗？学校负责安排吗？中国学生容易找到实习吗？

王：法国的大学会比较注重学生个人以及与团队合作能力的培养。有一些课程会要求有小组作业，需要一个小团队共同来完成，一般这个小组作业的成绩会被当作平时成绩。法国大学里学期最终成绩的评判一般是通过平时成绩（小组作业、小测验，交作业等）和期末成绩相结合的方式进行的。学期初任课老师一般会提前通知考试的方式以及评分的标准（平时成绩以及期末成绩的加权系数）等。

学业的不同阶段学校一般会要求时长以及内容不同的实习。年级越高实习时间要求越长，内容要求越严格。系秘书处一般会有往届学生实习单位的联系方式，可以算是一个找实习的途径，但是好实习还是要通过严格的面试流程才能找到。有些情况下，对于一些最终没有找到实习的理科生，导师视情况可以提供一个实验室实验员的实习，但这不是最优选择。

在法国找实习，人力资源部在筛选简历阶段主要是看候选人的教育经历，名校生会比普通学校的学生容易获得面试机会。但是最终确认录取的时候还是要看个人表现。在同等条件下，中国人肯定会比法国人要付出的更多一些才能找到实习。不过我相信机会总是留给有准备的人的。

汤：作为曾经的全法学联主席，能简单介绍下全法学联是一个什么样的组织吗？是民间的还是？

王：全法中国学者学生联合会（简称全法学联）是 1986 年成立的由留（旅）法中国学者、学生所组成的群众性自治团体。全法中国学者学生联合会遵守所在国（法国）的有关法律规定，并在中国驻法大使馆教育处的指导下独立地开展工作。全法学联的宗旨是为在法国的中国学者、学生服务，促进留法学人之间学习、思想及感情交流，协助他们解决学习、工作及生活中遇到的问题，以便于他们完成在法留学和工作任务，报效祖国。今年（2016 年）是全法学联成立的三十周年。

汤：当初你为什么要加入全法学联？能不能为我们简单介绍下相关的情况？

王：我想谈一下加入学联的目的。在国外的留学生活相对来讲是比较枯燥的。当初加入学联也只是为了两个目的：一、在枯燥的学习生活之外可以多认识一些朋友；二、学联是可以锻炼自我能力的一个平台，我希望通过这个平台可以锻炼并提高自己的综合能力。学联是一个付出就有回报的平台，有能力，有想法终会得到实现的地方。带着这两个目的，我没有考虑很多，只是想做好学联部门交办的工作，和部门以及学联的同事们多沟通做朋友。久而久之，我从学联办公室部员，办公室主任，学联财务副主席，做到了学联主席。

汤：你在学联里工作主要是做些什么？对自己的帮助和提高有哪些？是否会耽误学习呢？

王：我们的学联工作更多建立在国际环境、留学背景之上。换句话说，学联无论是做什么事情都是要给留法学子提供一个平台，对内结识新朋友、拓展人脉，丰富留学生活，对外使学联成员背靠学联，建立更强大的自信融入法国生活。

肯定会耽误学习，基本上周末的时间都花在了学联工作上，但是付出一定会有回报，学联工作给我带来的不仅仅是个人综合素质的提高，更多的是我认识了许多志同道合的朋友，可以一起面对各种困难，可以一起玩一起乐，一起在法国生活下去。

汤：在学联工作里，你有哪些印象深刻的事情可以和大家分享吗？

王：2016 年 11 月 26 日是全法学联三十周年庆典的日子，其中的一个环节就是学联成长论坛。我作为嘉宾在论坛上谈了学联的工作如何接地气，这里简单地分享下：

在我的理解里，接地气就是脱离冠冕堂皇的官僚主义，设身处地从留学生角度出发，结合国内外大环境，实实在在做事情。在学联工作中，接地气主要体现在两个方面：

1.关注留法学子生活，建立留学生网络。

2.结合社会热点，创新学联工作方式，夯实学联网络。

下面我想通过几个例子来分享我的这些理解：

首先关注留法学子生活：留学生活首先建立在留学安全基础之上。全法学联从巴黎开始成立应急安全部，而后在全法推广，应急安全工作从被动接手，变主动出击（应急安全培训大会，波波嗨聊、漫画展，应急安全手册），初步建成一个应急安全反应网络。整个全法的网络中，全法可以做到联动，工作效率大大提高，然后建立留学生网络，特别是建立校级学联。在学联前辈打下的基础上，在全法、城市两层学联组织结构下，变成全法、城市、校级学联三层组织结构建设。可以说是我们学联把党支部建在了连上，能接触到更广大的留学生，了解他们的想法，有针对性地举办活动，帮助他们融入法国生活。

接地气的第二个重点在于不故步自封，而是能随时结合社会热点创新工作方式。2014年是中法建交50周年，建交纪念日是1月27日，邻近春节。全法学联每年在春节会举办可以说是全法留学生群体当中最大的一场春节联欢晚会。学联主席团在策划过程中很好地利用了建交这个关键的时间节点，通过一个中法两国朋友都能听得懂的方式，以音乐这种无国界的媒介，举办了庆祝中法建交50周年中法青年交流音乐会，促进了中法青年学生的交流。

近几年来新媒体发展很快，学联也在努力适应这种新媒体的方式。从最初的网站到后来的邮件群，再到现在的微信群，学联很好地利用了青年学生群体使用频率最高的媒介，快速、高效发布和传播消息。

我们此时此刻所处的学联与国内学联有很大不同，我们的学联工作更多建立在国际环境、留学背景之上。换句话说，学联无论是做什么事情都是要给留法学子提供一个平台，对内结识新朋友、拓展人脉，丰富留学生活，对外使学联成员背靠学联、建立更强大的自信融入法国生活。这种支持不仅仅是物质上的，更多的还有精神层面的，因为一个国家越强大，一个组织越团结，我们才能拥有更强大的内心，以更从容的姿态面对外界。这也是我们常说的"越出国、越爱国"。祖国是后盾，而一个接地气的学联希望能够做到的，也正是将一个国家、一个组织的力量传递给她的成员。

汤：听说你现在在法国工作？是在什么公司？当初是如何求职的？对于中国学生来说，在法国求职会不会格外困难？

王：我现在在毕马威（法国）会计师事务所工作。我是先在那里做实习，实习结束后，与现在的单位签了 CDI。

我认为对于中国留学生来讲在法国求职会遇到一些困难，但到不了格外困难的程度。我至今记得在当初找工作的阶段一个师兄跟我说的话。他说在法国找工作一定要耐得住寂寞，能够等。我理解他想说的是找工作会遇到困难，但是要积极地去面对，而不是消极地逃避。功夫不负有心人。

汤：在你看来，法国企业会更看重求职者的哪些素质？

王：我觉得在法国企业工作要具备以下素质：①会说法语，这一点很重要；② Proactive（要积极主动）；③要有一定的组织能力和表达能力。

汤：无论在学习还是工作中，你都接触了很多法国人，在你眼里中国人和法国人在学习和工作中有哪些不同？

王：对比谈不上，说说法国人的工作特点吧，主要是两方面：①法国人的计划性很强；②法国人更擅长把工作成果很漂亮地展示出来。

汤：在上学期间的实习，对于求职的帮助大吗？除了实习，假期的时候需要通过打工来锻炼自己吗？对于希望打工的同学来说，有什么经验或者建议要分享吗？

王：实习其实是一个选择职业的前奏，是一个双向选择的过程，可以通过实习了解所选择的职业，同时雇主也会通过实习生的表现来决定如果有预算是否向实习生提供一个职位。法国人在学生阶段会做很多实习，有的时候还会做gapyear。

对于假期打工我觉得是适可而止。如果要打工尽量找一些与本专业相关的职位打工。这样对于自己来讲可以既做了本职工作，又收获了工资，双赢。

汤：对于有意留学法国的学生来说，你有哪些方面的建议？在你看来，法语学习是否很重要？

王：来法国之前一定要有一个对未来清晰的打算，有一个清晰的目标。同时法语很重要，无论在哪里会说当地的语言对于融入的帮助很大。

汤：很多人担心法国留学的安全问题，对于这方面，有没有什么希望和大家分享的个人看法？

王：在法国经历了三次恐袭之后，每个人都有这方面的担忧。我觉得法国的总体大环境还是好的，作为留学生，按时作息，多留心，提前作好预防工作，安全不应该成为一个问题。

TOUT · HOMME · CRÉE · SANS · LE · SAVOIR
COMME · IL · RESPIRE · SENT · ÊTRE
MAIS · L'ARTISTE · SE · SENT · CRIER
SON · ACTE · ENGAGE · TOUT · SON · ÊTRE
SA · PEINE · BIEN-AIMÉE · LE · FORTIFIE

第四章　家长心理调整

第一节　给家长的两条建议

家长在学生整个留学生涯中所起的心理作用不容忽视，不论是行前准备，还是留学中沟通，都能给予学生极大的心理支持与安慰。但是，由于很多家长也是第一次面对这种情况，所以会感到茫然，无从下手。这里我给出两条建议，并精心准备了一些学生家长的案例，帮助留学生家长更快、更好地适应这种节奏。

建议一：多谈心，时刻关注孩子心理健康

首先，作为家长要多关心孩子的心理健康，这一点中国的家长做得很不够。留学生到了国外，远离之前的生活圈子，面对一个完全陌生的环境，肯定需要一段心理适应期。这个时候，大多数留学生心里都是很孤独无助的。再加上语言问题，有些学生的法语不是很好，指望短时间就能融入是不现实的。没有亲人，没有朋友，远在国内的父母就是学生的精神支柱。这个时候，尤其需要家长多与孩子谈心。有时候，即使看似没说什么有用的话，但听到父母的声音，孩子也会感到安心。

有些家长认为，孩子出国，给他充足的资金不就行了，还需要隔三岔五谈心吗？这种想法其实是错误的。物质生活固然是保障，但不能弥补学生精神上的孤独，甚至有时候，学生会通过物质享受来排遣孤独。所以，孩子留学去法国了，不仅仅是给足生活费的问题，更需要家长的谈心，时刻关心学生的生活状态，才不至于让孩子迷失方向。

中国与法国之间的时差是 7 个小时，北京时间晚上 7 点，法国那边是中午 12 点。所以，一天中完全有充足的交流时间。这个相比美国留学来说，要便利许多。

建议二：注意培养孩子自立的意识，树立正确的留学观念

留学法国对孩子来说，提升的是综合素质，所以不能用国内传统教育观点来规范引导他，而要注意培养孩子自立的意识。法国的大学要比国内大学严格得多，需要学生在各个方面提升自我。如果想像国内那样，不认真完成导师的作业，临到考试的时候突击复习，甚至考试作弊，则是行不通的。诚信问题在法国的大学是个大问题，如果诚信有污点，不但学业会受影响，日常生活也会受影响，严重的甚至会被勒令退学。

总的来说，家长在孩子的留学过程中，其实起到了非常重要的作用，尤其是在心理辅导这方面，所以，做父母的也要自我提升，改变旧思维，引导孩子适应新的

留学生活，使孩子顺利完成留学生涯。

第二节

案例分享一：时光带不走的记忆

每一次的离别都是为了更好的重逢

世界上别人给你的爱都是为了相聚，只有父母的爱是为了别离。

2016 年 1 月初，我的女儿嘟嘟离开故乡，为了梦想，只身海外。前途充满了欢乐和希望，也充满了未知和坎坷。

我要在假期的第一天，漂洋过海来看你

每一分每一秒都是煎熬，就盼望着暑假快快到来。为了这次相聚，我早早准备，办理双认证、签证，置办孩子需要的物品，和其他同学家长联系为他们提供帮助（家长们因孩子的关系彼此互助，结成了友谊），了解必要的留学探亲程序，甚至学习法国的风俗习惯和外国人入境的注意事项。充分的准备为的是顺利圆满的重逢。

飞到地球的另一端，一个陌生的国度，只是为了爱。

北京一巴黎，从东方到西方，两座辉煌伟大的城市，11 个小时后我们在一起。

女儿的大学

女儿在国内一路打拼过来，五个月通过 TCF 考试，拿到了 offer 已是披荆斩棘，可这还只是万里征程第一步。要知道，接下来的求学路更是不能松懈。公立大学考试严格，老师评分标准也很严厉。法国人对于淘汰学生是不分国籍的。

行走在法兰西畅游在欧罗巴

在巴黎我和嘟嘟两个人游逛 12 天，卢森堡公园、协和广场、铁塔、乔治·蓬皮杜国家艺术文化中心、法超和中超、文森森林、枫丹白露宫、蒙马特高地、小丘广场、爱墙……

每天都慢慢走，慢慢看，到处都可以找到清静地儿坐坐。然后女儿又带我去了南法、意大利、梵蒂冈、圣马力诺、摩纳哥。

巴黎的花园

夏季的凡尔赛宫御花园值得一看，它是世界上最大的宫廷园林，现存面积为100公顷。

枫丹白露是法国古典建筑的杰作，各个时期的建筑风格都在这里留下了痕迹。

从巴黎乘火车到吉维尼小镇，这是一个充满浓郁田园气息的法国小镇。漫步在莫奈花园，那里的宁静氛围深深吸引了你。

法国的河流

透过明媚的阳光，巴黎塞纳河是一条充满诗情画意的河流。

索恩河按字面是母亲河的意思，而罗讷河则是父亲河。

走在巴黎街头，你不光会感叹建筑精美保存完好，就连小小的报刊亭，也成为一道独特的文化风景线。在地铁、公园里众多的法国人痴情于阅读。

我在法国的一个月，女儿负责计划好目的地路线行程；查看天气情况、攻略、网友好差评；怎么看怎么玩怎么吃；看管包包里的证件……我则负责悠闲地拍照。

若干年前，我拉着女儿稚嫩的小手，走遍了国内的山山水水。

如今的你开朗、干练，你反过来拉着妈妈的手，带着我认识更广阔的世界风情。

我很喜欢跟朋友分享我在生活中发现的各种美好的体验，愿你们开心快乐。

（本文作者系学生家长金女士）

第三节

案例分享二：从今天开始我要关心那座遥远的城市

所谓的父女母子一场

只不过意味着

你和他的缘分就是今生今世不断地在目送他的背影渐行渐远

你站立在小路的这一端

看着他逐渐消失在小路转弯的地方

而且

他用背影默默告诉你：不必追……

作为人到中年，每当读到龙应台《目送》中的诗句，脆弱的心里不禁一颤。

从女儿回国的那天起，我们就知道了她回程的时间，思念与不舍也从接到她的那一刻就开始在心底里滋养生长，犹如夏日里的藤蔓日复一日夜复一夜不停地疯长。愈珍惜时光的短暂，愈恐惧离别的到来。我知道，我心底所有的不舍与思念已酝酿了整个夏季。在这一季的风雨中发酵，在炽热的阳光里埋下了一段寂寥的香。

明天就要坐上列车去北京了，晚上我和妈妈默默地把你想带的东西，将两个大大的行李箱塞满。你喜欢的各种大大小小的零食，平时在家里是坚决不让你吃的，在你要走的时候，都忍不住塞进你的箱子里。还有好多的衣服、鞋子，装满了春夏秋冬四季的样式，都是你妈妈一次次在商场中千挑万选的。

还有一盒盒药品，知道可能用不上，却还是让你捎上。我将药品的使用和注意的事项，都逐条逐项地列明在纸盒上。

妈妈说，一个人远在异乡要更加地关心自己的健康，那座城市隔着太远，我们帮不上忙。其实她去的那座城市什么都有，只是唯独没有这两箱满满的牵挂和惦念。

我默默地在书房的床上躺下，听着她们俩在另一个房间里说笑应答，拉着家常，诉念着相互间即将离别的安慰与思念。

我默想着我曾去过的那座城市。回想她在那座城市里的欢笑、嬉耍、哭泣、悲伤，回想着陪你走过的那座城市每一条街道，回想着去的每一座教堂每一间房子，回想着你领着我坐过的一趟趟公车和地铁，回想着你拉着我和街头艺人的留影交谈。

我努力回想着在那座城市中发生的一切。我想我已经深深地爱上了那座城市，不为她迷人的优雅和空气弥漫的气息芬芳，更不为夜色笼罩下流光溢彩的繁华，只为在那座城市心里的深处，住着一个我深深爱着的人。

入夜时分住进了北京的机场酒店。女儿经过简单的洗漱便慵懒地倚卧在床边，摆弄着手机与在家中惦念的妈妈通话聊天。酒店外的秋夜很静，几只秋虫在草窠里吟鸣。偶尔有飞机从酒店的上空划过，机翼上的引航灯不停地忽闪忽灭。我想这些飞机一定是从很远的地方飞来。再远的地方，也不能阻挡旅客归家的渴望；再深的夜色，也无法阻止相爱的人望眼欲穿的归航。

窗外的秋风已经有些许的寒凉，远处的航站楼上空依然是灯火辉煌。明天就要与我深爱的人儿在那里分别，我禁不住攒紧眉头，心中漾起莫名的孤寂与忧伤。

清晨，北京的上空散漫着熹微的晴光。静美的秋树浓绿中泛着枯黄的斑斓，细微的风里透着秋日的薄凉。

值机的柜台大厅里面早已排起长长的队伍。我和女儿跟着队伍缓缓地向前移动，相互无言，也不能多说。我害怕一张嘴一说话会把女儿留下，或者在她柔弱的肩上再添重重的牵挂。

办好值机，陪她走向安检门，我知道真正分别的时刻就要来了。过了那道门就是她的登机口，而我只能在门前止步。

在她踏入门的那一刻，我大声地叫住她：回回头，笑一笑，我给你拍个照。

她怔了怔，转过身站在门前，用手拢拢微微散乱的长发，向我挥挥手中的航票，抽动着嘴角露出点点僵硬的笑意。其实，我看到了她拢发时偷偷地抹了下眼角，然后扬手转身和她的朋友奔向属于她们的航班，只留给我埋首前行的背影，仿若深秋湛蓝的天际里振翼远方的归鸿。

我不敢再叫她，我害怕看到她流满泪水的脸，更害怕她看到我沁泪的眼，让她失去步履的坚定，失去她在那座城市里放飞的梦。从这一刻开始，我的目光和牵挂全部被她收进背包里带走了，把她的留恋与不舍和故作轻松的告别，也深深地捂紧在我的胸口。

从此我将忽视白昼和黑夜的更替，不停地思念着远方异国的那一座城市。想想深爱的她沐浴在晨曦圣洁的光辉里。想想深爱的她在校园草地上轻舞飞扬，青春歌唱。想想深爱的她在深秋的塞纳河畔漫步徜徉，捧着一本书优雅伫立，或沉思或迷茫的模样。想想深爱的她走在弥漫着历史气息的街巷中，在一座座博物馆、美术馆、图书馆中驻足流连。

从现在开始，关心你在的那座城市每天的天气。

关心那座城市里每天是否在刮风下雨。

关心那座城市里春夏秋冬四季的变幻。

关心那座城市里每天发生的各种各样的故事。

关心那座城市里熟悉或不熟悉的人，去过的回来的你的同学我的朋友。

天涯遥远，万水千山。

你的背影远离了我的视线，却走不出我今生对你深深的惦念。

（本文作者系学生家长程先生）

第四节

案例分享三：一位家长为孩子准备的高考提分"秘籍"

学生王梓昭，2015 年高中毕业于辽宁师范大学附属中学。

高考成绩总分：592 分（辽宁省 2015 年文科一本线 530 分）。

2016 年 1 月赴法留学，目前就读于法国巴黎第七大学，专业：应用外语。

我们邀请了学生的妈妈赵老师在 2016 年 4 月底为高三家长分享了一段学生成功高考的经验，给大家多个角度看高考，看出国，更重要的是看调整心态的方法。

我女儿学的是文科，她最大的问题是平时成绩在一本线左右，但不够稳定。在我给孩子报了巴黎大学班项目之后，我就拿这个项目的要求督促她，"你看，人家最低的门槛就是一本线上。"我觉得孩子在正常发挥的时候在一本线上下，当然我们希望她 985，211 都去够一够。用这个话和她说的时候，她说："这有什么了不起？那我就努力吧！"我当时觉得这个状态挺好。

对比我同事去英美国家的孩子的情况，我觉得去巴黎大学的这个项目给我最好的一个感受是这是认高考的，是和高考准备相辅相成的。实际上，有了这样一个项目做"保险"，她的心态在高考的时候反而能放开了。

高考成绩出来后，还不错，孩子还是决定要出国。最后报志愿的时候，也是给了她一个圆满的交代，后来被录取到中央民族大学的历史专业——中国和周边国家关系实验班，就是迎合我们的"一带一路"。从专业上来讲，还是挺好的，但这个专业本身她并不是特别感兴趣，我觉得年轻的孩子自己总会感觉"世界这么大，新鲜，一定要趁着年轻去试一试"。后来中央民族大学的录取下来之后，咨询其他家长，有的办了休学，如果国外不行可以退回来。于是决定选择巴黎大学班。

最终，孩子被巴黎七大录取，从 2015 年 7 月 20 日到 2016 年年初在上海外国语大学学习半年之后到巴黎读预科，9 月上专业。在上海还有一个班是去巴黎十一大。当时虽然在大连也有语言培训，而且这半年把孩子放那么远，也有点儿不放心，后来了解到去上海那个外国语大学很好，也让孩子感受一下，国内的大学是一个什么样的情况。

在国内的半年学习也是很紧张的，有阶段考试，也有很多老师来讲座，营造一个非常好的学习氛围。去年年底经过考试和面签，今年 1 月 6 号到了巴黎，开始了在那里的学习。

到巴黎去的这段时间，我想说，如果语言不过关，永远是一个坎儿。而这么短的时间学习一门新的语言，时间够不够？所以我和她爸爸只要一和孩子打电话或微信的时候，就告诉她你的语言就是第一关，如果没有语言，你下一步都很难走。实际上，她在外面，我们要把心态摆好，就是孩子这么大了，真正的教育要靠她自己，我们做不了太多的主，最多是给她鼓励和支持。

在巴黎这 4 个月，我感觉孩子有这么三个阶段。

第一个阶段是金老师带着孩子出去的，待了 17 天。带着孩子们办完手续，把生活安顿好，就要去上课了。有孩子就扭过头问老师："你不和我们去上课吗？"孩子的依赖性就会从这些话里体现出来。仅仅是过了两周多，老师要回国的时候，孩子们还要上课，"走了，哦，再见！"就变成了这样的状态。

再有就是第二个阶段的时候，她感觉一个人随便去哪里，都已经不打怵了，她可以简单去问或者去查。我现在问她时，她说，我现在去哪儿都不怕了，不认识就问，问不明白就用手比画。大多数别人和她交流的时候，基本都能听懂了。

第三个阶段是从语言学习上来讲，如果学习一门外语，就把她送到这个国家去，要比在国内效率高得多。她也有高中同学在国内很好的学校学习法语的，平时交流的时候，就会感觉，学习的程度不一样。

我补充一点点，如果大家为孩子着手去设计的话，我自己的经历是觉得有三点比较重要。

第一个，尽量调整心态，不要把留学作为一个高考的退路，因为如果高考有退路的话，孩子心里多多少少还会有点往后缩的，这样他出国之后应对所有生活各方面事情的时候，可能不会太积极。

第二个，她自己要愿意出国，一定是她内心的意愿而不是我们父母给她包办的，这样她遇到所有困难的时候，她都觉得是自己的选择，要积极去应对。

第三个，孩子到外面是一定会孤独的，比如说会结伴玩儿游戏，或者谈个对象什么的。对这种孤独，我觉得我们父母的温暖特别重要，虽然相距这么远，但是现在通讯是很方便的，要营造一个特别好的和孩子交流的渠道。尽管你在教育上不能引导她太多，至少她会将所有的内心话跟你去说。

这就是我想说的，希望能帮到大家。

（本文作者系学生家长赵老师）

UNIVERSITE DE

MAISON INTERNATIONA

SIÈGES EN SOCIÉTÉ

GARE DE BORDEAUX ST JEAN
Solaris

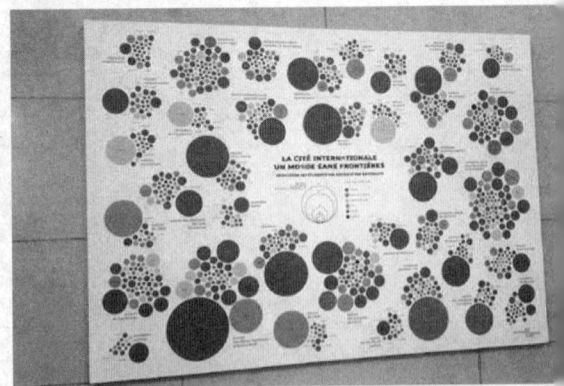
LA CITÉ INTERNATIONALE
UN MONDE SANS FRONTIÈRES

第五章 留法申请流程

第一节 法国留学基本申请流程

1. 对于春季入学

主要针对申请春季赴法进行语言学习，及部分公立大学春季预科班或高等商学院春季开学项目的同学（根据不同的学校开学时间会略有不同，高中毕业生因为高考后才开始留学准备，故可能涉及此流程较多）。

7月至8月，开始国内法语学习（针对法语授课）；

7月至10月，准备申请材料，并申请学校；

11月，法语考试；

11月至12月，预签证程序（面签）；

12月至次年1月，递签并获得最终签证结果，准备赴法。

2. 对于秋季入学

针对秋季出国攻读语言或预科课程的同学：

1月至2月，开始国内法语学习（针对法语授课，当然，如果有可能，可以更早开始语言学习）；

2月至4月，准备申请材料，并申请学校；

5月至6月，法语考试；

6月至7月，预签证程序（面签）；

8月至9月，递签并获得最终签证结果，准备赴法。

针对申请高商以及 DAP、HorsDAP、CampusArt 等特殊项目的同学：

7月至10月，准备申请材料；

10月至次年3月，申请学校（不同项目的申请周期不同）；

次年1月至6月底，得到录取结果（根据不同项目或者申请批次不同，获得录取时间不同）；

次年5月至7月，预签证程序（有些项目属于面签前置，比如DAP和HorsDAP；有些属于免面签，比如部分高商和CampusArt）；

次年7月至9月，递签并获得最终签证结果，准备赴法。

第二节 签证程序

很多人都觉得法国学生签证程序复杂烦琐，其实并非如此。接下来我们就简单来了解下法国留学有可能涉及的几种签证形式。

1. 短期学生签证

如果大家只是到法国学习语言，顺便感受一下当地的风土人情，并且停留时间不超过3个月，那么只需要通过法国大使馆签证处的代理机构中智法签进行短期学生签证的办理。

除了短期学生签证之外其他所有学生签证的申请，都需要先到法国高等教育署进行预签证程序，然后再到中智法签进行签证程序。

2. 临时长期居留签证

如果大家是到法国进行3—6个月的纯语言学习，则需要申请临时长期居留签证（不可延期）。这种签证要求学生必须已成年并以个人身份来申请，且以单纯的语言学习为目的，不可以夹杂任何专业的学习课程。同时，在语言学习结束之后，持有这种签证类型的学生必须回国。即使想在法国继续进行专业学习，或者再学一段时间的语言，都必须要回到中国。通过我们的预签证程序，再申请一次普通的学生签证，才能回到法国继续学习，不可以在法国当地直接办理延期。另外，这类签证不适用于校际合作项目的交换生。

请注意，大家在申请签证前需要拿到法国语言中心的录取。以下是部分可供大家选择的语言中心：Qualité FLE, UNOSEL, EAQUALS, ADCUEFE, Campus FLE, Groupement FLE, Groupement SOUFFLE, UNOSEL, Alliance Frangaise, IALC, Forum Campus France, Convention Centres pour les Etudes en France。

此外，这类签证的申请需要参加面试评估，但不需要大家提供法语考试成绩。

3. 长期学生签证

如果要到法国进行长时间的专业学习（直接进入专业课学习或经过3—18个月预科课程再进入专业学习），则需要申请长期学生签证。

得益于法国政府推出的签证新政，自2016年12月1日起，有一部分同学在预签证时可以不再提供专业预注册证明。如果大家在法国进行专业学习之前要进行3到18个月的语言学习，并且在毕业之后可以拿到受国家承认的毕业文凭，那么在预签证程序的时候则不用再提交专业预注册证明。

4. 考试签证

如果大家需要到法国参加考试，也需要通过法国高等教育署的预签证程序办理考试签证（长期学生签证）。如果全部或部分考试用法语进行，在办理签证前还须参加法语考试。

如果在考试后被学校录取，大家可以直接在法国住所所属省份的警察局办理签证延期。不需要回到中国也不用再到法国高等教育署重新办理预签证程序。

第三节 预签证程序

除了 3 个月以内的短期学生签证之外，其他类型的留学签证都需要先经过法国高等教育署的预签证程序，那么这个与签证程序又是怎样的呢？通常会涉及以下几种情况：

1. 一般程序

涉及人群：

希望去法国长期留学，已申请到语言 / 预科，或专业录取通知书的学生。

申请步骤：

语言水平不足以直接进入专业就读：

——公立大学：语言 / 预科录取通知书 + 能够阐明专业课程学习计划的动机信。

——私立学校：语言 / 预科录取通知书 + 正式的专业预注册 / 注册证明。

语言水平达到专业要求，直接向院校申请且通过入学考核：专业的录取通知书。

在 Etudes en France 系统中开通并填写账号内信息。

根据您的情况提交材料将您的文档补充完整。

支付预签证程序费。

参加面试评估（如有必要）。

通过中智法签申请学生签证。

希望就读国家文凭的学生可不再提交专业预注册证明，主要涉及公立大学。其他非国家承认的文凭则必须提供一份专业注册或预注册证明，以便面试官能够了解这类课程的特殊录取要求。

2. HorsDAP 程序

涉及人群：

语言水平达到所申请专业的要求，并希望在 Etudes en France 系统上直接申请录

取的学生

涉及学校：

——公立大学学士2年级、学士3年级、职业学士、硕士1年级、硕士2年级、博士。

——IUT：法国大学科技学院。

——DEUST：两年制科学与技术大学学业文凭。

——CUPGE：在公立大学进行的高等专业学院预科阶段文凭。

——已登录的工程师院校（除法国国立工程师学院联盟）、商校、艺术类院校（除Campus Art）及建筑类院校（级别为 DSA– 建筑专业深入研究文凭，DPEA– 建筑院校独立颁发文凭和建筑博士）。

申请流程：

通常系统开放时间为每年11月至次年3月底，在此期间需要在 EtudesenFrance 系统中开通并填写信息，选择专业，提交所需材料和支付费用。

从次年3月初至5月底期间参加面试评估。录取结果通常会在6月底之前给出。

3. DAPBlanche 程序

涉及人群：

语言水平达到所申请专业的要求，即将或已获得高中文凭且希望直接进入大学第一年或医学专业公共课学习的学生。

申请流程：

系统开放时间通常为每年11月中旬至次年1月下旬，在此期间需要在 Etudes en France 系统中开通并填写信息，选择专业，提交所需材料和支付费用。

在次年3月中旬之前参加面试评估。录取结果通常会在6月底之前陆续给出（3个志愿的结果分别在4月中旬、5月中旬及6月底发布）。

4. DAPJaune 程序

涉及人群：

语言水平达到所申请专业的要求，即将或已获得建筑学校文凭且希望直接进入法国建筑学校学习的学生。可选择文凭如下：

高中起点本科：建筑学学习文凭（DEEA 本科学位）；

本科起点硕士：国家建筑师文凭（DEA 硕士学位）；国家承认的建筑师资格证并有资格以本人的名义从事建筑类工作（HMONP）。

申请流程：

系统开放时间通常为每年 11 月中旬至次年 1 月下旬，在此期间需要在 Etudes en France 系统中开通并填写信息，选择专业，提交所需材料和支付费用。

在次年 3 月中旬之前参加面试评估。录取结果通常会在 6 月底之前陆续给出（2 个志愿的结果分别在 4 月中旬和 6 月底发布）。

第四节 在预签证面试中，什么最重要？

所谓面签，官方的名字叫作预签证面试，其主要目的就是了解学生是否适合去留学。怎么判断呢？

首先是硬条件。

硬条件里最重要的是学习规划的相关内容：比如，你留学动机是不是纯粹？选的学校和专业是不是合理？留学规划是不是靠谱？职业规划是否有一个明确的想法？这些都是在考察范围内的。当然，这些信息都应该是你在申请留学之初就考虑清楚的。

当然，硬条件里也还包含了对语言水平的考察。因为语言是你出国后学习和生活的必备基础！

其次是软实力。

所谓软实力，主要指的是个人基本素质。包括：性格是内向还是外向？自理能力如何？沟通能力如何？这些都是判断你在国外能否正常生存的因素，也会是面签的重要考量层面。

第五节 法语考试

去法国留学的同学，如果选择法语授课的留学项目，则普遍需要在预签证程序时提交法语考试成绩。接下来就为大家来简单介绍下最常见的几种法语考试类型：

1. TCF 考试

TCF 考试是由法国国际教学研究中心应法国教育部的要求而设立的。

TCF 为标准的等级水平测试，考题采用十分严谨的方法设计，是名副其实的语言水平测试工具。该考试旨在测试法语非母语人员的法文水平。应试者一般出于专业或个人之需参加考试，可简单、快速、可信地测试其法文水平。

TCF 考试由必考部分和选考部分组成。

完整的 TCF 考试能够准确衡量考生的法语水平。

根据测试结果，便可按照由欧洲委员会制订的 6 个等级对考生水平予以定位。

TCF 考试被欧洲语言测试委员会所承认，并且法国国际教学研究中心（CIEP）于 2002 年 5 月被接受为其成员之一，是类似于英语中的雅思一样的法语测试工具。

完整的 TCF 考试由 3 项必考项目和 2 项选考项目组成，全部考试总共 3 小时。

（1）TCF 机考

在中国，TCF 考试主要为机考，考生可以在电脑上直接答题。

必考部分（机考）时间为 1 小时 30 分钟，由 80 道选择题组成，具体情况如下：

听力（30 题，时间为 25 分钟）；

语言结构（语法和词汇）（20 题，时间为 20 分钟）；

阅读理解（30 题，时间为 45 分钟）。

（2）TCF 选考

这部分考试主要针对特殊项目的要求，比如申请巴黎政治大学及申请 Hors DAP 程序直入专业的学生。该考试每年目前只开放两场，通常在 10 月和次年 1 月。

具体考试内容包括：

写作考试（对一篇资料进行评述，以及对一个主题进行论证），考试时间为 1 小时 45 分钟。

15 分钟的口语考试。

评判及分数：

所有考题的批改都由法国国际教学研究中心（CIEP）来进行。

考试成绩形式如下：

必考部分总分为 699 分，并且根据这个成绩将测试结果分成 6 个等级；

对于每一部分有单独的成绩及等级（听力，语言结构以及阅读理解）；

写作考试总分为 20 分；

口语考试总分也是 20 分；

考生参加考试后，可以通过考试中心得到标有不同部分得分的成绩证明。

TCF 考试成绩有效期为 2 年，考试结束后会第一时间获得一份临时成绩单，正式成绩单将在考试结束一个月左右之后由法国高等教育署来颁发。但预签证面试时，使馆只认可一年以内的成绩。临时成绩单可用于预签证面试。

注意：参加 TCF 考试的考生必须遵守两次考试间隔 60 天的规定。所有没有遵守此项规定重新注册的考生，即便已经在 Paste1 成功报名也都将会被 CIEP 取消注册。

2. TEF 考试

TEF 考试是由巴黎工商会（CCIP）组织的一项法语水平测试，尤其针对学习法语的人，可以对他们的法语能力做出总结，对法语水平出具官方证明。因此，TEF 被推荐向所有渴望在学习方面和工作领域衡量其法语知识的人。

它面向所有希望测试自己法语水平的人。可以参加多次考试。

在中国 TEF 考试由中国的法国高等教育署组织。

TEF 机考：e-tef

在中国地区 e-tef 考试已经完全取代传统的 TEF 考试形式，考生直接在电脑上进行答题。

必考部分由三部分 150 道选择题组成。大部分的考题都有 4 个备选答案。对于听力理解部分的一些考题会有 2 个或 5 个备选答案，所有考题只有一个备选答案是正确的。

考试时间为 2 小时 10 分钟。

评判及分数：

必考部分满分为 900 分，其中：

阅读理解总分为 300 分；

听力部分总分为 360 分；

词汇结构总分为 240 分。

考试结束后，考生可以马上得到一个非正式（未经法国巴黎工商会确认）的成绩单来了解考试情况，正式成绩单由法国高等教育署在考试后 1 个月左右的时间进行颁发。临时成绩单可用于预签证面试。

目前在中国只能参加 e-tef 考试。

考试成绩有效期为 1 年。

需要注意的是：作为机考法语水平测试部分的补充，预签证程序将以随机的形式抽取学生参加法语口试。法语口试将在预签证评估面试时进行。

两种考试的等级划分及分数划定具体为：

欧洲语言共同参考框架		TCF	TEF
熟练运用 （高级）	C2	600—699	834—900
	C1	500—599	699—833
独立运用 （中级）	B2	400—499	541—698
	B1	300—399	361—540
基础水平 （初级）	A2	200—299	204—360
	A1	100—199	0—203

3. TCF-DAP 考试

该考试是针对希望进入法国大学第一阶段的课程（dossier blanc）或建筑学校学习（dossier jaune），并且语言未达到 DELFB2 或未参加过 DALF 考试的学生（即报名参与 DAP 程序的学生）而专门设定的 TCF 考试。

TCF-DAP 考试每年在国内仅举办一次，时间为每年 1 月。

考试内容包括：

听力理解：30 题；

语言结构（语法和词汇）：20 题；

阅读理解：30 题。

这三部分考试共计 1 小时 30 分钟。

书面表达（3 个题目，对于每个题目均有严格字数限制）；

共计 1 小时。

因为有书面表达部分，故考试时需携带蓝色或黑色圆珠笔。

以下情况您可以免除参加 TCF-DAP 的考试：

—— 达 到 DELFB2 或 DALFC1 或 C2 的 水 平（DiplômeApprofondi de Langue Frangaise）；

——拥有法国中学毕业文凭（由法国教育部颁发）；

——列入由法国教育部和外交部共同设立名单中的学生或来自名单中的法语双语区域；

——成功通过了由巴黎工商会组织的 TEF 考试，并且写作表达部分至少获得了

14/20。

4. DELF/DALF 文凭

DELF（法语学习文凭）和 DALF（法语深入学习文凭）是法国教育部颁发的官方文凭，用以证明外国考生或非法语国家中未获得法国中学或大学文凭的法国考生的法语能力。该文凭具有国际声誉，并经常为其他国家的教育部门所使用并认可。同时，DELF/DALF 文凭和所有其他由法国国家教育部颁发的文凭一样，属于被法国官方认证的正式文凭，且终生有效。

DELF 与 DALF 文凭是独立的。级别划分如下：

DELF：A1，A2，B1，B2

DALF：C1，C2

学生可以自由参加您所选择的考试，也可以在统一考试阶段参加多个文凭的考试。

获得 DELF/DALF 文凭的意义：

· 有利于入职法语国家企业并胜任工作。

· DELFB1 级别文凭是获得法国国籍的语言许可证。

· 获得 DELFB2 级别文凭可免除法国大学本科阶段入学前语言测试。

· 获得 DALFC1 级别文凭可免除法国研究生阶段入学语言测试。

· 对法语水平进行精准专业的评估，并对学习成果做出小结。

第六节 留法材料准备

赴法国留学，其实需要准备的材料并不复杂。大致可以分为以下几类：

一、个人材料

1. 小 2 寸证件照若干（建议白底、整版提供）；

2. 出生公证（中法文）以及双认证；

3. 个人简历（法文或英文）；

4. 动机信（法文或英文）；

5. 身份证（正、反面）；

6. 护照（有效期不少于 12 个月）。

二、学术材料

对于高中毕业生：

1.高中毕业证（可做法语公证）；

2.高考成绩（及认证）；

3.国内大学录取通知（如有，可做法语公证）；

4.高中成绩（可做法语公证）。

对于本科毕业生：

1.大学成绩单（可做法语公证）；

2.大学在读证明（如未毕业需提供），（可做法语公证）；

3.大学毕业证（可做法语公证）；

4.大学学位证及学位证的英文认证；

5.推荐信两封（英语／法语，一般是以系主任、主课老师、本校知名教授或实习／工作单位领导名义提供。非必需，视院校而定）；

6.大学期间获奖证明及英文或法文翻译（非必需材料）；

7.英语成绩，IELTS/TOEFL/TOEIC。

三、资金证明

1.父母银行账户流水单。一般要求是在递签之日提供此前 6 个月历史的对账单，最好是工资账户，账户每月有固定入账，至少其中一方的余额达到使馆相应要求；

2.父母或自己名下资金证明（上海领区需要，金额不低于 6 万，视不同类型学校可调整金额，冻结至赴法后一个月）；

3.父母的工作证明及翻译（视不同领区而定）；

4.父母的担保承诺及翻译。

第七节　如何书写个人简历（CV）

一份好的简历，关键在于用尽量简单的方式表达清楚自己的经历。而且针对不同申请目的，CV 的侧重点也不同，比如申请学校的 CV 阐述的重点是学业经历，申请工作的 CV 阐述重点则是自己的经验。

以留学简历为参考，一般分为以下几个版块的内容：

个人基本信息；

受教育经历；

实习实践或工作经历；

语言能力；

个人兴趣爱好。

CV 排版不仅要美观大方，还要注意东西方的格式差异，可以附照片，篇幅最好是一页（A4）。

第八节 如何书写动机信

在法国，无论学校申请还是求职，动机信（Lettre de Motivation）都非常普遍且被重视。一封好的动机信对申请者的帮助很大。相反，错误百出，条理不清，虚夸冗长的动机信基本可以宣判申请者的"死刑"。

对于留学生，动机信的书写同样必要，且对梳理留学规划有很大帮助。所以，建议自己动手书写动机信。动机信的要点在于简明扼要，同时要有逻辑性、条理性，要强调重点而不是记流水账。

一般动机信的内容可分为：

（1）对自己背景的简单介绍；

（2）提出自己的动机并说出自己的优势和愿望或解释自己的动机；

（3）自己未来的学业规划；

（4）学成之后的职业规划；

（5）结语（可省略）。

第九节 法国有哪些值得读的好学校？

很多人对法国的学校并不那么了解，所以经常会提出这样一个问题：法国究竟有哪些值得一读的好学校？

这个问题看似简单，其实并不好回答。

因为正如我们前面介绍过的，法国高等教育体系非常复杂，是术业有专攻的最好体现。比如工科领域，有优秀的工程师教育；商科领域，有高等商学院；人文社科类，有公立综合性大学；艺术类，有专门的美院、设计学院、音乐学院、时装学院等；职业类，有专门的教育体系可以承接。

即便是把这个问题抛给法国学生，也未必能得到统一的答案。2017 年 4 月，法国某机构做了一项针对法国高校在年轻人心目中知名度的调研，受访对象的年龄均在 18~25 岁，根据结果显示，巴黎政治大学（SciencésPO）、巴黎综合理工学院、巴黎矿业学院、CentraleSupelec、巴黎 HEC 商学院、ESSEC 商学院、巴黎高等师范学院、巴黎四大—索邦大学、巴黎第十一大学、巴黎第六大学、巴黎第七大学、斯特拉斯堡大学等榜上有名。但这并不代表法国就只有这些学校值得一读!

我们可以先分门别类的举几个例子来解读下,希望给大家一个笼统的认知:

1. 工程师教育

提到这类教育,我们就不得不提到巴黎综合理工学院(École Polytechnique),这所学校历史悠久,而且也名列欧洲四大理工,是理工科学生的首选! 这所学校既是工程师学院,也具备军校性质,每年法国国庆阅兵的时候,都可以看到该校学生所组成的队列!

除此之外,法国还有很多不错的工程师学院,比如中央理工学院集团的成员学校、矿业集团的成员学校、电信学院集团的成员学校、国家工艺学院(ENSAM)、国家路桥学院等等,它们无论公立还是私立,都有自己的擅长领域,要根据自身需求来选择。

2. 高等商学院

在无经验类商科教学领域,法国在世界上都享有盛誉,甚至超越美国。这其中的佼佼者包括法国最顶尖的商学院——巴黎 HEC 商学院、ESSEC 高等商学院,以及世界上第一所真正的商学院 ESCP 欧洲高等商学院等。学校可以提供多种教育,仅以硕士阶段为例,这些学校既可以提供传统的 Grande Ecole 项目,也可以提供 MSc 和 MS 硕士项目,供不同的人选择。

3. 公立综合性大学

法国的公立综合性大学专注于人文社科类教育,但这类大学本身在法国境内并无官方排名,但实际上教育水平也非常先进。比如巴黎第一大学和巴黎第九大学的经济及相关领域;巴黎第六大学、里昂第一大学的科学(理科)领域;还有巴黎第四大学——索邦大学(当然,它只是承袭了老索邦大学的一部分,并继承了原来的校名)在人文领域独树一帜;巴黎第三大学在语言翻译等专业领域颇具声望。

此外,还有一些公立大学近年来频繁出现在各类世界大学排行榜之中,比如巴黎第七大学、巴黎第十一大学、格勒诺布尔大学、蒙彼利埃大学、斯特拉斯堡大学等。

4. 艺术类院校

这类学校涉及的领域很多,比如巴黎国立高等美术学院、巴黎国立高等装饰艺术学院(ENSAD)是艺术领域的佼佼者;戈布兰图像学院是世界最顶尖的动画专业学院之一;法国时尚学院(IFM)是时装领域的翘楚;巴黎和里昂国立音乐舞蹈学院是音乐家的摇篮……

5. 其他院校

除了上面提到的这些学校，你还不能忽略培养出大批政界商界精英的巴黎政治大学（Sciences Po），法国多位总统及政要都毕业于此；还有隶属于巴黎第三大学的著名的巴黎高翻学院（ESIT），它可是世界上翻译领域的顶尖学府；还不能忘了培养出多位诺贝尔奖和菲尔茨奖获得者的巴黎高等师范学院（ENS），这也是一所殿堂级名校！

当然，除了上面举例提到的这些，法国还有很多非常出色的学校，无法一一完整列举。

不过，在下面的篇章里，我们会抽出一些有代表性的法国高校来为大家做详细解读，供大家参考！

第六章 法国院校介绍

第一节 特色精英院校

1. 巴黎政治大学（SciencesPo）

巴黎政治大学（SciencesPo）是人文社科领域的世界著名学府。1872年成立以来，学校已为国际社会培养了无数精英，其中包括联合国秘书长加利，二战后七位法国总统中的五位，四名国际货币基金组织总裁，现代奥林匹克之父顾拜旦，罗斯柴尔德家族现任掌门人金融大亨大卫·罗斯柴尔德，时尚大师克里斯汀·迪奥，当代世界文学大师马塞尔·普鲁斯特及无数跨国集团CEO等。作为国际知名学府，巴政与美国哥伦比亚大学、宾夕法尼亚大学、乔治敦大学、北京大学、东京大学等合办双学位项目。

目前，约有13000名学生在巴黎政治大学学习，其中46%为国际生源，来自150个国家和地区。中国学生约为330名，分布在巴政的各个专业，尤其以攻读管理和国际事务类专业居多。

相较于学科大而全的英美大学，巴政也拥有自己的独特优势：

首先，巴黎政治大学所开设的学科主要集中在人文社科领域，如新闻及公共关系、公共事务管理、国际事务、经济学、法律、社会学、政治学、历史等，并在这一领域内具备极高的专业性。

其次，巴黎政治大学独具全球化的办学理念。所有学生的本科第三年都将在国外度过，这包括校际交流（哥大、哈佛、普林斯顿、剑桥、牛津、东京大学等400所海外合作名校）以及海外实习。学校的大部分课程都采用英语授课，这大大方便了母语非法语学生的学习生活。

此外，巴黎政治大学的授课模式也颇为独特。除了在编教师外，学校会经常邀请各行业的领军人物来到位于巴黎历史核心区的校园和学生们对话，而且此类课程和讲座的比例很高，近期走入校园的就有美国前总统吉米·卡特，Facebook首席运营官雪莉·桑德伯格及有时尚界老佛爷之称的卡尔·拉格斐特。这样不仅可以开阔学生视野，同时可以更好地指导毕业生就业。

院校专访摘录：

汤叔：巴黎政治大学是一所什么样的大学？它和普通的法国大学有哪些不同？

答：巴政和普通的法国大学相比，不同点可以总结为以下几点：

（1）选拔非常严格：法国本土学生的录取比例不到10%，国际学生的录取比例高一些，但也需要和来自全世界的优秀学生进行PK。

（2）高度国际化：学校的国际学生的比例已达到 46% 至 48%，在法国，乃至全世界优秀的大学中都非常少见。学生的背景和经历都非常丰富，同学之间能学到很多东西。

（3）多学科交叉的教学模式：巴政有着深厚的社科底蕴，从本科到博士，各个阶段的教学都充分利用了政治、法律、国际关系、社会学、历史、经济这些基础学科的研究和教学优势，向学生提供极其丰富的课程，大大拓宽学生的眼界和思维。

（4）理论和实践高度结合：从本科阶段起，部分课程就是由有着丰富实践经验的从业者教授。硕士阶段这些课程的比例更高。每年巴政从公司、国际组织、政府部门等聘请的教授超过 5000 名，他们为同学们带来了最鲜活的案例和一手经验。

汤叔：巴政都开设有哪些专业？哪些专业最值得推荐或者最具竞争力？巴政的毕业生就业率如何？毕业生（平均）薪资处于什么水平？

答：巴政的本科有两大特点：第一是分多学科交叉教学；二是所有学生在大三的时候都会去海外交换一年，可选择如哈佛、哥大、牛津、北大、清华、东京大学等 470 多所巴政合作院校中的一所。

硕士阶段共有 20 多个专业。巴政只有在本身有足够实力的情况下才会开设新专业，每个专业都有自己的特色和特长。专业如下：

两年制硕士：

Droit économique/EconomicLaw 经济法

Economics 经济

Economics and Public Policy 经济与公共政策

Economics and Business 经济与商业

Finance et Strategie 金融与策略

Gestion des Ressources Humaines 人力资源管理

StrategiesTerritoriales et Urbaines 城市管理与土地规划

Urbanisme 城市规划

Governing the Large Metropolis 大都市管理

Master de Journalisme 新闻

Communication 公共关系与传播

Marketing et Etudes 市场营销与研究

Master in Public Policy 公共政策

Affaires Européennes / EuropeanAffairs 欧洲事务

Environmental Policy 环境政策

International Development 国际发展

International Energy 国际能源

International Security 国际安全

HumanRights and Humanitarian Action 人权与人道主义行动

International Economic Policy 国际经济政策

International Public Management 国际公共管理

Journalism and International Affairs 新闻与国际事务

一年制硕士：

MPA（Masterof Public Affairs）公共事务

Master in Advanced Global Studies 高级国际研究硕士

Financial Regulation and Risk Management 金融规则与风险管理

Private Banking and Wealth Management 私人银行和财富管理

Coperate Strategy 公司战略

巴政还与世界多所顶级大学（London School of Economics，PSIA Columbia University，Georgetown Law，National University of Singapore，Peking University，Fudan University 等）合作提供 30 多个硕士双学位项目。

巴政的学生非常受用人单位青睐，不少同学在毕业前就确定了工作。学校也有专门的就业指导部门帮助学生和用人单位对接。而众多为同学们授课的从业者老师们也经常成为第一份工作的敲门砖。

根据最新的毕业生调查，超过 57% 的学生在毕业前就确定好了工作。总体来说，88% 的学生在毕业后六个月内找到工作。比上一年提高了 6 个百分点。巴政学生毕业后的年平均工资（税前）超过 37k 欧元，法国这个阶段的平均工资为 26.5k 欧元。需要注意的是，巴政每年的毕业生中 70%—80% 的学生进入了 private sector 私营企业部门工作。所以不要把巴政想象成一所只培养政客的大学。

汤叔：目前从巴政毕业的中国学生的就业情况如何？在法国就业容易吗？回国后的认可度如何？

答：目前中国同学就业情况整体不错，大部分进入企业，外企为主，进入国内优秀企业的也开始增多，如阿里巴巴，陆金所，复星等，也有同学毕业后进行创业。进入政府部门的同学也比较多，主要集中在北京。也有进入国际组织的，比如经济合作与发展组织（OECD），联合国教科文组织（UNESCO），亚投行（AIIB）等。

大家关心的在法国就业形势，从近几年中国同学的就业结果看，形势还算不错，每年都有同学毕业后留在法国工作。有的是实习转为正式员工，有的是一轮轮面试闯到最后。

巴政在法国的机构和企业的认可度无需多言，在国际组织中许多新人也能碰到不少学长学姐。近年来中国学生的就业范围也早已突破了中国的法语圈，除中国的企业和政府外，在美国、英国、加拿大、德国、北欧的企业和政府部门都能找到他们的身影。

汤叔：对于中国学生的录取，每年是否有人数限制？比如最多每年只能录取多少人？是否所有专业都向中国学生开放？

答：巴政的招生没有国别人数限制，除了一两个硕士项目只面向巴政的本科生外，其他项目都是向全世界开放。即使是这一两个项目也没有国别限制，在巴政本科就读的国际学生都有资格申请。

汤叔：想申请巴政的学生需要具备怎样的基本素质和条件？学生在国内的毕业院校是否重要？还要参考哪些因素（比如专业成绩和外语成绩、实习等）？

答：巴政的学生录取鼓励多元性，是各个方面出类拔萃的学生。除了毕业院校外，学生的平时在校成绩、个人经历和外语成绩等都是录取参数。

巴政同时也非常注重学生的独立思考和思辨能力，对于所选项目或专业的了解，未来发展道路的思考等都很看重。这也需要同学不仅仅通过学校，以及其他直接或间接的方式去加深了解，同时也要学会自我分析，自己是否适合学习这个专业，进入这个行业工作。

汤叔：巴政也有本科？那么本科都会开设有哪些专业方向？

答：巴政的本科与硕士有几个不同。一是地点的不同，巴政的本科分布在7个校区，这些校区又分布在法国不同的城市。第二点是多学科交叉教学的特点更加浓厚，政治、经济、历史、社会学、法律、国际关系这些学科都要学。同学们可以根据自己的兴趣爱好和将来硕士想要学习的方向多选择某些学科的课程。这样的学制设计让高中毕业后不想马上选择专业的同学多了一个选择，他们可以接触更多的学科，经过更深入的思考和体验后再进行专业的选择。

且巴政的本科还有一个特点，就是每个项目都和世界某一个地区相关联，比如欧亚校区、中东地中海校区、欧洲拉丁美洲校区、欧洲北美项目等。在课程设置中这些地区特征也会有体现，在欧亚校区的同学会学到一些关于亚洲的课程，欧美项目的同学会学到北美的一些课程，让同学们在加深对法国及欧洲了解的同时，还多了解世界上另一个地区，也满足了很多同学对某一地区的好奇心。

本科第三大特点是本科第三年也就是最后一年，所有的学生都必须去国外。可以选择去国外交流：巴政在全世界有 470 多所交流大学，均是各个国家最优秀的大学，如牛津、剑桥、哥大、哈佛、东大、北大、清华等，也可以选择去国外实习。这个政策在全世界也是独一无二的。

巴政的本科项目有：

Europe–Asia campus in Le Havre（欧洲 – 亚洲校区）

Europe–North America program in Reims（欧洲 – 北美项目）

Middle East and Mediterranean campus in Menton（中东地中海校区）

Central and Eastern Europe campus in Dijon（中欧东欧校区）

Europe–Africa program in Reims（欧洲 – 非洲项目）

Europe–Latin America campus in Poitier（欧洲 – 拉丁美洲校区）

European Franco–German campus in Nancy（法德欧洲校区）

其中，欧亚校区、欧美项目，以及中东地中海校区均提供英语授课项目，学生在申请的时候无需法语成绩。进校后会有专门的法语预科课程帮助他们提高法语水平。

另外，巴政还有多个本科双学位项目，学制为 4 年，前两年在巴政，后两年在合作学校。这些项目的合作伙伴包括美国哥伦比亚大学、加州大学伯克利分校、加拿大英属哥伦比亚大学（UBC）、新加坡国立大学、香港大学、日本应庆义塾大学、英国伦敦大学学院（UCL）等。这些项目的申请流程和时间与申请巴政单学位项目不完全一样，也请大家多多查看学校官网。

汤叔：巴政是否提供奖学金？如果有，那么申请的条件大概是怎样的？是否有中国学生成功申请到奖学金的先例？

答：现在巴政学生享受奖学金的总体比例在 30% 左右。不同地区的学生有不同的奖学金。对于非欧盟区学生，巴政有专门以建校者命名的 Emile Boutmy 奖学金。这个奖学金开放给本科和硕士的同学，除了看成绩和个人能力外，家庭经济状况也是一个参考因素。每年都有中国同学获得这个奖学金。

从 2015 年起，巴政和国家留学基金委（CSC）联合推出了 SciencesPo–CSC 硕士奖学金。这个奖学金不仅覆盖了在巴政学习期间的费用，还要求学生必须 gap 一年进行实习，并对 gap year 有一定的财政支持，免除大家做实习的后顾之忧。

除了 Boutmy 奖学金，法国政府的 Eiffel 奖学金每年都有巴政中国学生获得。

另外，对于博士生，巴政也在 Sorbonne ParisCite 大学联盟的框架内和 CSC 联合推出了一个奖学金。自 2014 年推出以来，每年都有考入巴政的中国博士生获得。感兴趣的同学一定要多关注 Sorbonne Paris Cite 的网站，巴政的微博微信，以及 CSC 的官网。

2. 巴黎跨文化管理与传播学院（ISIT）

从 1957 年起，巴黎跨文化管理与传播学院培养了多位多语言和跨文化事务的专家，他们活跃在国际舞台。

作为公益性私立高等教育机构，跨文化管理与传播学院成立于 1957 年，培养持有国家级硕士文凭的专业人士。其毕业生在各行各业的工作职责如下：

——国际化企业：市场营销、公共关系、人力资源、贸易、采购。

——大型国际组织笔译、会议口译或者法律语言学家：欧盟委员会、联合国教科文组织、联合国、欧洲法院。

自 2002 年起，巴黎跨文化管理与传播学院的毕业生得到了许多著名介绍人的帮助，他们来自企业或者重要的国际机构。2016 年的介绍人就是阿兰瓦隆，语言学家，前欧盟委员会官员，资深记者和社会学家。

据研究中心数据显示，巴黎跨文化管理与传播学院还参加一些国际研究项目，这些项目涉及了翻译研究、跨文化管理和跨文化法律传播等诸多方面。

巴黎跨文化管理与传播学院是许多向世界开放的关系网络的组成部分而且培养了和大型国际组织的密切关系，例如联合国和欧盟委员会。

巴黎跨文化管理与传播学院拥有丰富的专业设置。在本科阶段，开设的专业包括：翻译与跨文化传播、跨文化管理、国际关系和多语言传媒、跨文化数码与设计、法律语言学；而在硕士阶段，开设的专业则包括：跨文化传播与翻译、跨文化管理、国际战略与外交、跨文化数字战略、法律语言学、会议口译。

第二节 高等商学院

1. 巴黎 HEC 商学院（HECParis）

1881 年，巴黎工商会和巴黎高科的创始成员共同建立了巴黎 HEC 商学院。如今，这所商学院已经成为全法国最好的高等商学院，也是全欧洲乃至全世界最好的高等商学院之一。同时，巴黎 HEC 商学院也是巴黎综合理工大学和巴黎萨克雷大学的创建者之一。今天，巴黎 HEC 商学院有 110 名常驻教授，4500 名学生，每年有超过 8500 名经理人和决策者在此接受培训。巴黎 HEC 商学院是一所很国际化的学校，50% 的学生都是来自于法国之外的国家与地区。

对于巴黎 HEC 商学院来说，学校自身的特点十分鲜明：第一个特点是，学校的学生都是最好的学生，这从录取比例就可以看出来。第二个特点是，学校拥有全球最好的教授群体，其中三分之二的教授都是非法国籍，他们来自世界各地。第三个特点是，作为一所商学院，该校同样也特别注重研发，所以科研水平在全球商校之中排名也非常靠前。第四个特点是，学校和商界联系密切，与很多知名企业都有紧密的关系。

院校专访摘录

汤叔：商学院录取一般很看重学生的综合素质（包括多元化、个人眼界、个人素质、企业精神等）。很多学生都很关心毕业院校对于申请 HEC 的影响究竟有多大，对于并非毕业于最顶尖国内院校的学生，应该具备哪些素质才会有更大的机会受到 HEC 的青睐？

答：请不要认为只有诸如清华、北大这样的超一流大学毕业生才有机会进入巴黎 HEC 商学院学习，这个观点是错误的。在遴选过程中，我们会综合考察学生的各项能力。学生的学术能力很重要，比如在校成绩是非常重要的参考。当然还包括 GMAT 成绩，同样还包括实习经历、社会实践或社团活动（比如是否曾任职于学生会）、国际化视角（比如国外交流交换经历）、是否曾获得奖学金等。总而言之，我们不会仅根据学生曾经就读的大学就对一个学生进行评价。诚然，如果一个学生就读于中国的超一流大学（211 工程、985 工程大学等），肯定是一个非常有竞争力的优势，但是现在已经就读 HEC 的中国学生也不仅限于清华、北大的学生，其他学校的学生同样证明自己可以在 HEC 取得优异的成绩。比如我们招收过上海财经大学（SUFE）的学生，虽然他们并不是来自国内所谓的"超一流排名"的大学，但是他们的素质很好，金融、管理等学科的专业知识也很扎实。

汤叔：现在有很多国内学习语言专业（比如英语专业、法语专业，甚至中文专业等）的学生热衷于去法国攻读商学院，HEC 是否会考虑这部分学生？这些学生在专业角度是否有着天然的劣势？

答：虽然我们是一所商校，但是我们并不会拒绝大学阶段学习语言专业的学生，同样有相关专业的中国学生在 HEC 取得了优异的成绩。这些学生很多都是在高中学习阶段数学成绩优异。在进入 HEC 后，他们需要努力学习，可能会付出比其他学生更艰苦的努力，尤其是在管理、经济等学科上，奠定一个很好的专业基础，那么他们的成功也是可期的。对于这些非经济专业的学生,我们会观察他们在进入 HEC 后相关专业课程的成绩,给出相关建议。

汤叔:从申请途径上讲,通过 SAI 申请和直接申请是否可以同时进行?还是只能选择单一途径?

答:已经有大约三年的时间 HEC 可以接受学生自助申请,也就是说学生既可以通过 SAI 申请也可以通过自助申请,还可以同时投递。但是如果学生成功获得面试机会,需要学生选择是通过 SAI 来面试还是直接接受 HEC 的面试,二选一。当然了,通过 SAI 申请,学生可以不只申请 HEC,还包括其他 4 所学校,这是学生的自由。

汤叔:一般情况下,如果学生在通过 SAI 申请的时候,没有得到 HEC 的面试机会,主要原因是什么?

答:一般情况都是一个综合的原因。但无论如何,归根结底肯定是我们有更适合的申请者。经过 SAI 申请的学生,SAI 会给 HEC 提供学生的各种信息,如果 HEC 经过评估觉得该申请者可能暂时不适合就读 HEC,也会反馈给 SAI,这样的话可能学生就无法得到申请进入 HEC 的面试机会了,但是学生仍然有机会去申请面试其他的学校,互不冲突。

汤叔:如果通过 SAI 申请没有得到 HEC 的面试机会,是否还有机会进行单独申请?

答:可以的,学生有投递的自由,但是我这里想提醒的是,如果学生没有在自己的材料或能力上(包括 GMAT 成绩等方面)做任何改变,那么即使换一种渠道也会得到一样不理想的结果。

汤叔:对于那些在第一年申请失败的学生,是否还有在第二年再次申请的可能性?

答:取决于被拒的原因,如果是面试本身原因(而非材料问题),这可能不是一个好消息,因为我们非常看重面试的综合表现。当然并不是说第一次被拒绝就没有机会了,但是如果不经改变就再次尝试的话,可能依然不能得到一个满意的结果。反之,如果学生很清楚自己的不足并且展示出他的努力和改变,当然有机会在后面的面试中被录取。

汤叔：现在正处于商科和商科教育的黄金时代，随着法国商科教育的升温，越来越多的学校都会考虑接收更多的中国学生，未来 HEC 是否会有扩招的可能？

答：我们保持初心，我们永远只选取最优秀的学生。而且我们对国际学生的招生也始终保持一个很平衡的情况，平等对待，所以暂时没有明确的扩招计划。HEC 将始终如一坚持高质量教学理念，我们看中的永远是学生素质。

汤叔：请问您是否还有其他的建议想和申请 HEC 的中国学生分享？

答：我想和大家分享的是，请大家一定写好自己的 CV。作为学生，我们的建议是 CV 篇幅控制在一页之内，就像橱窗一样，而非整个商店，向我们展示你最想让我们知道、最吸引人的点（交流、成绩、社会实践经验、实习、语言能力等）。当然了，重中之中，学生的成绩一定是最重要的考察点，比如一个学生能够有很好的 GMAT（或 GRE、TAGE MAGE）成绩，会给学生的整体印象增色不少。同样的，如果学生获得了面试机会，我们也希望学生可以很详细地了解自己所要学习的专业，包括课程设置等。同样我们希望的是双向选择，学生也需要了解这个专业为什么适合自己，因为一个优秀的学生应该对自己的未来负责，清楚地知道自己以后的定位和方向，想从事什么样的工作，这是我想和很多学生分享的。这点对于每个人的生涯都很重要。最后，希望大家在面试的时候保持自己的本真，把真实的想法告诉我们，而不是经过过于精心的准备，这也是我们的凤愿。

2. 法国 ESSEC 商学院

法国 ESSEC 商学院于 1907 年成立于法国的巴黎，是一所著名的高等教育机构。在介绍学校的时候，第一个关键词是："Pioneer&Entrepreneurship"，因为该校在创立之初，就是以培养具有先锋精神的创业家为目的。

随后在一百多年的发展中，学校逐步发展成为一所"立足于欧洲，同时面向全世界，拥有 5 大校区，全部覆盖本科＋研究生教育，同时拥有企业职业经理人培训业务的一个综合性的商学院。因此，对于这所著名的商学院来说，第二个关键词就是"3i-Tnnovation，Involvement，Internationalization"。

此外，ESSEC 还拥有很多值得我们关注的要素，例如"欧洲大陆第一个获得AACSB 认证的商学院""多个排名世界顶尖的硕士项目"等等。

截止到 2016 年年底，ESSEC 约有 4558 名在读生，其中近 30% 为法国以外的学生，来自超过了 90 个不同的国家和地区。在整个校园中，有超过一百个特色鲜明的学生会组织。

院校专访摘录：

汤叔：这么多年来，有很多的中国学生就读于 ESSEC，请问您怎么看待这些学生的表现？

答：中国大陆的学生具有很强的学习能力，同时自身的素质都非常的高；最关键的是他们渴望接触到最新的知识，了解世界的愿望非常的强烈。我们非常高兴的是：每年我们都能吸收到很多优秀的中国生源，邀请他们加入到 ESSEC 的大家庭来。

事实上，中国学生进入到 ESSEC 之后，他们的表现也正好印证了我们在选拔时对他们的评价：进入到 ESSEC 校园和学习之后，他们中很多学生，很快就脱颖而出。

如果说同来自其他国家的同学相比，中国同学的不足，我想主要是两个方面：

第一个最主要的是语言，虽然我们的项目主要是英文授课，但是大家毕竟是在法国进行学习，在校园之外的生活主要会使用法语。因此在大家没有完全掌握法语的情况下，可能会有一些适应上的困难。

第二点：商科与管理专业的学习，不是一个简单的专业，而是一个涉及多个领域、跨专业与跨文化的学习，更是涉及欧洲大陆多国文化背景的综合知识的深入。因此我的第二个建议就是建议大家一定要多方面地扩展自己的知识面。

汤叔：很多学生都想了解，ESSEC 的选拔是否有硬门槛存在？比如院校背景是否需要 211 或 985？ GPA 和 GMAT 是否有成绩要求？对于实习经历和国际化背景，所占的比重大概又在多少？

答：说到申请的具体技术细节，我相信这是大家最关心的部分。ESSEC 的项目，除了本科项目之外，全部的硕士与博士项目，我们都要求大家提供雅思（托福或托业）+GMAT，（有些专业也接受 GRE 和法语的 Tage-mage）考试。如果说硬门槛，这是一个报名时候的硬性规定。

在具体的分数上，很难给大家一个标杆性的分数。这是要看大家所申请的具体项目而定。

以中国学生目前最关注的 GE 项目，我们目前统计的数据，从以往被录取的学生来看：

国内重点院校的生源（985 与 211 院校的生源较多）；较高的 GPA；雅思 6.5，GMAT680 分以上。

许多被录取的同学，在本科阶段就已经具有了国际交换或者实习的经历。

汤叔：在面试过程中，学校更青睐什么样的学生？或者说学生展现出什么样的素质才更容易让学校认可。

答：这个问题，也是我们遇到最多的一个问题。我尝试着用最官方的答复来给大家解答：我们最最希望看到学生背景良好，申请动机明确，也认同 ESSEC 的人才培养理念，同时初步具备国际视野，关键是要对自己的未来有一个清晰的规划。我相信多数的商学院，或者大学在选拔人才的时候，都是秉承这一标准的。

汤叔：ESSEC 每年会录取多少中国学生？本科和硕士分别的数量是多少？这里面有对某个群体的数量限制吗？比如对中国学生每年的录取人数设一个上限这种。

答：我们在招生的时候，没有明确的名额限定。从过去 3 年的数据来看：每年我们有近 170 名中国学生，其中本科约 30 名；GE 硕士约 100 名；其他的硕士人数约 40 名。

汤叔：ESSEC 每年的四个批次对于录取的比例或难易程度有什么不同吗？

答：这个问题也是学生们问得比较多的，实际上不存在哪个批次录取难度大小的问题，我们选拔学生的标准是一致的，只要符合要求通过面试选拔，都会给 offer。所以完全不用担心名额有限而被直接拒绝。

汤叔：对于一个学生来说，是否有可能同时申请 GE 项目和 MSc 项目？这在流程上是否可以实现？对于 GE 和 MSc，它们的录取和选拔角度是否有所不同？

答：一个学生一次可以同时申请几个项目，这个没有问题。GE 是个综合性的管理学项目，学制 2—3 年，招收所有专业背景的本科毕业生。MSc 项目相对 GE 学制短，通常是 1 年，对本科学生专业背景也有明确的要求。

汤叔：ESSEC 的毕业生就业情况如何？是否可以为我们提供一些数据？比如毕业多久能够找到工作？就业的起薪大概在什么层次？

答：实习和就业的统计上，我们每年实习的 offer 常年保持在 1200 个以上，每年申请的同学，不超过 500 人，因此比例至少在 3∶1。就业方面，我可以给出几个简单而又非常典型的统计数据。

我们的本科毕业生：88% 的学生，在毕业内的 3 个月就成功就业；全部的学生，在毕业后的半年都实现就业。绝大多数（超过 77%）是在各类全球化的机构（企业、各种国际组织、跨国公司）实现就业。平均的起步年薪在 3.7 万欧元。

我们的 GE 毕业生：72% 的毕业生在离开校园之前，就已经成功实现就业；98% 的毕业生在毕业半年内都实现就业。值得一提的是：一半以上（约 57%）的就业是通过 ESSEC 校友网络实现的。GE 毕业生的平均起薪在 5.4 万欧元。（单纯列出来法国境外就业岗位的起步年薪略高一些，平均起薪在 6.5 万欧元）

汤叔：ESSEC 有哪些专业使您觉得最具特色和竞争力的？您的推荐理由是什么？这些专业都对中国学生开放吗？

答：这的确是个难以回答的问题。因为读书，尤其是项目的选择，是一个双向选择的过程。我们也把这句话送给全部的考生：请大家一定做到知己知彼。在认真考虑清楚自己的需要尤其是职业规划的前提下，充分（最大限度）地了解你想要报考的学校与申请的专业，然后做出申请的动作。

ESSEC 的项目，主要是的本科项目、GE 项目，以及 MBA 项目，这些项目都是面向中国学生开放的。这一点请大家完全可以放心。

如果你是高中毕业生，并且对管理、金融、战略管理等感兴趣的话，我们诚挚邀请大家考虑我们的 BBA 项目；

如果你是大学在读，将来有志于从事国际商务、经济、管理等领域的工作，那么我们建议大家考虑我们的 GE 和 MSc 项目；

如果你是在职的职业经理人，有了进一步学习和提高的需求，那么我们的 MBA 项目，以及各类在职培训的项目，都是大家不错的选择。

汤叔：ESSEC 也有本科教育，这个项目有哪些特点？我们为什么要去高商读本科？会带来哪些不一样的体验？

答：我们的工商管理本科项目，是一个四年制的纯英文授课项目。主要的特点是：

一个四年制的 BBA 项目；

两个校区供大家选择（法国巴黎校区与亚洲的新加坡校区），大家可以选择从其中一个开始自己的学习；

三种以上的语言学习。（本身的项目是纯英文授课，但是每位同学在四年的学习中，都要学习法语和第三门外语。毕业的时候，掌握除母语之外，至少 3 门外语）

四个国家的国际经历。在四年的学习中，有将近一学年的时间，大家是要走出校园，去进行国际交换、国际实习与国际志愿者活动。

学费也是一个比较有吸引力的地方。目前我们每年的学费在 1.2 万欧元上下。

四年下来总的学费，不足 40 万元人民币的花销。这一点也是欧洲商学院的一个优势。

3. ESCP 欧洲高等商学院（ESCP Europe）

ESCP 欧洲高等商学院是世界上第一所商学院，这所学校是在 1819 年由 Jean BaptisteSay 教授创建的。Jean Baptiste Say 教授是著名的经济学家，我们所熟悉的"企业家"这个概念就是由他创造出来的。学校叫作 Ecole Superieurede Commercede Paris（巴黎高等商业学院），在中国，很多人也都知道这个名字。但从 2009 年开始，学校更名为 ESCP 欧洲高等商学院，因为它已经由一所法国学校变成了欧洲的学校，在欧洲地区拥有六个校区（柏林、伦敦、马德里、巴黎、都灵和华沙）。

如今的 ESCP 欧洲高等商学院是一所国际化的学校，每年会录取来自全世界 100 多个国家的优秀学生来此就读，他们拥有不同的专业背景和不同的专业实践经验。学校与来自 47 个国家的 130 所高等教育机构有合作关系。多样化是学校的核心价值之一。跟合作的数量相比，该校更重视合作的质量。

学校的任务，就是在 VUCA（易变性，不确定性，复杂性，模糊性的英文缩写）世界中，培养出具有领导、革新和经营能力的跨国企业领导，并构建出更好的公司：这些公司效率更高，也更加开放。我们学校会帮助有志于此的人获得决策能力、领导多文化团队的能力和创造价值的能力。

ESCP 欧洲商学院拥有独特的跨文化管理教育模式和与国际管理息息相关的全球化视野。

学校为学生提供了不同的专业方向和多样化的教育。除了管理学之外，我们还提供了跨文化管理和人文科学的先进教育。这些是学校固有的传统，但也是未来企业领导者所必备的！

院校专访摘录

汤叔：在 ESCP 欧洲高等商学院学习是一个什么样的体验？贵校在教学模式上有哪些与众不同的特点？

答：ESCP 欧洲高等商学院的校园都位于大都市，因此也都充满活力和人文气息，来自世界各地的生机勃勃的年轻人在这里学习生活，能感觉到家的气息。对于 ESCP 欧洲高等商学院来说，最重要的就是学生的体验。学生们也都会把学校当作他们的第二个家。每个学期，学生都要面对大量的专业课程，但同时也会参与到各种文体活动之中。这是一所古老的学校，尤其是位于巴黎 Republique 校区地下的走廊，无不弥漫着历史的气息。此外，在这里每个人都会拥有自己的空间，对自己负责，并留下自己的印记。

学校的学术创新包括：

跨文化和国际化的欧洲体系专业课程；

高水平的学术内容与管理学课程、公开课、跨学科课程（语言、人文与社会科学……）相结合；

创新精神、创业能力、创造性和契约精神的转化。

地理性、学术性、职业性和社会性的多样化

汤叔：ESCP 欧洲高等商学院是一所很国际化的商学院，有众多海外校区，那么这些校区的各自特点是什么？是否存在不同校区开设不同专业的情况？在校学生在各校区之间的交换交流是否频繁？或者说，是否对于我们的学生来说，在就读期间必须要进行交换？

答：我们为学生提供了大量的可能性，让他们可以自如地选择专业方向。学生在学校里会拥有很多机遇，能够接触到很多专业人士和机构。

无论选择什么项目，学生都必须在至少两个校区内完成自己的学习，以便更好地适应跨文化领域的需求。这样一来，他们对于欧洲的了解也会变得更加深入。除了我们的六个校区之外，他们还可以选择到其他国家交换学习，我们希望学生能够借助学校这个平台，实现更好的自己。

汤叔：ESCP 欧洲高等商学院每年都会参与到 SAI 联考之中，那么请问每年四个批次对于录取的比例或难易程度有什么不同吗？比如后两批的申请会不会存在因为前两批学生很优秀而导致所剩名额太少的现象？

答：SAI 程序每年分为 4 个批次，每一批次的选拔条件都相同。这个程序采取的是一种竞考的遴选模式，因此每一批次的录取名额有可能会依次递减。不过，这一切都取决于申请者的水平。

汤叔：除了通过 SAI 联考，贵校是否还有其他申请途径？在哪里可以查到相关的信息？

答：出于简化签证程序（CEF）的目的，中国学生只能够通过 SAI 申请 MIM 项目（即 GE 项目）。而对于想要申请学士项目、专业硕士 MS 项目和理学硕士 MSc 项目的学生来说，他们可以直接通过我们学校官网提交申请材料。

另一方面，我们还和上海交通大学、同济大学、中山大学岭南学院和香港中文大学等学校开设有双文凭项目（M1 在中国大学就读，此在 ESCP 欧洲高等商学院就读）。

汤叔：对于一个学生来说，是否有可能同时申请贵校的 GE 项目和 MSc 项目？

这在流程上是否可以实现？对于 GE 项目（MIM）和 MSc 项目，它们的录取和选拔角度是否有所不同？

答：MIM（GE）项目是在 FT 金融时报管理学世界排名（2016）中排在第四位的优秀综合性管理学项目，它的目标是培养战略性跨国企业领导者。而我们的优秀 MSc 项目则是提供优秀的高水平专业教育培训，这些项目有些是基于某个专业领域展开的，比如在巴黎和伦敦校区开设的能源管理（MSc in Energy Management）的英语授课项目，也有些是基于某个主题展开的，比如在伦敦校区开设的市场营销与创造性项目（MSc Marketing and creativity）。这些 MSc 项目的培养目标是企业在某专业领域内的跨国领导者。

汤叔：很多学生都想了解，ESCPEurope 的选拔是否有硬门槛存在？比如院校背景是否需要 211 或 985？GPA 和 GMAT 是否有成绩要求？对于实习经历和国际化背景，所占的比重大概又在多少？

答：我们的选拔条件对于学术背景和非学术背景都同样重视。我们希望选拔的是那些未来能成为跨国领导者的潜力巨大的学生。因此，优秀的学术背景对于申请者来说非常重要，同时也会考虑他们的个人素质和专业方向。平均来说，申请我们学校的中国学生的 GMAT 成绩都可以达到 700 分。实际上，实习、国际化经验或职业经验会算作学生的专业学习的范畴之内，而不会成为录取的先决条件。

汤叔：大家都知道，对于申请商学院来说，面试是非常重要的环节，那么在面试过程中，贵校更青睐什么样的学生？或者说学生展现出什么样的素质才更容易让学校认可？

答：我们最看重的学生素质是优秀的学术背景和适应能力。通过学生的展示，我们希望看到他们的思维开放性、适应另一种文化的能力、表达自己观点的能力、融入能力，以及他们对于未来职业规划的描述。尤其是最后一点，学生要特别注意不要套用标准的职业规划。我们知道中国学生都非常聪明，他们也经过了各种的考核和评估，但我们仍然会评估他们所陈述内容的真实性。

汤叔：ESCP 欧洲高等商学院每年会录取多少中国学生？是否有名额限制？不同专业会有名额限制吗？

答：我们学校目前有 400 名中国学生，我们希望在未来几年内这个数量可以达到 600 名左右。学生的多样性也是学校 DNA 的组成部分。因此，我们不会让我们的项目中某一个国籍的学生成为大多数。我们希望各国学生达到平衡，因此，这些学生，无论是智力水平还是多元文化素质，都是经过严格选拔的。

汤叔：在实习和就业的角度，学校会为学生提供哪些帮助吗？

答：作为学生和企业之间的桥梁，企业关系部提供了各种服务，从而帮助学生为进入职场做好准备的同时，也提高企业和公司在学生之中的曝光率。

我们同时还开设了职业生涯规划办公室，这主要是用来帮助 MBA 项目的学生明确自己的职业目标，从而保障学生们的职业前景。该办公室在 ESCP 欧洲高等商学院6 个校区内都有开设，并提供相关建议。在校友会的协助下，ESCP 欧洲高等商学院每年能够接收到 2 万个实习机会和 3 万个就业机会。

我们学校的学生可以获得：

· 协助自己实现职业目标的职业生涯 workshop 和一对一单独辅导；

· 参与各种研讨会、讲座、圆桌会议，以及与招聘人员面谈的机会；

· 在全年范围内，超过 130 家企业公司在学校的不同校区内召开的综合或专门的招聘会。

汤叔：我看到 ESCP 欧洲高等商学院也有本科教育，那么这个本科教育有哪些特点？我们为什么要去高商读本科？会带来哪些不一样的体验？

答：ESCP 欧洲高等商学院的管理学士（BSC）项目是一个为期三年的卓越项目，该项目包含了大量的商科专业课程（金融、会计、统计等），人文科学课程（心理学、社会学等）和语言课程，以便于将学生培养成为能够适应复杂多元世界的未来领导者。

在三年的时间内，该项目为学生提供了在欧洲三大不同城市分别学习的独特体验：

第一年：在伦敦或巴黎校区就读，全英文授课；

第二年：学生可选择都灵校区（全英文），马德里校区（第二学期有一些专业课用西班牙语教学＋西班牙语语言课，须有 B1 水平），巴黎校区（第二学期有一些专业课用法语教学＋法语语言课，须有 B1 水平）；

第三年：学生可选择巴黎校区（第二学期法语授课，是 apprentissage 模式，需要C1 语言水平）或者柏林校区（全英文授课）。

对于不会小语种的中国学生，我们是推荐全英文线路的，也就是伦敦或巴黎—都灵—柏林，对于有小语种基础的同学，比如有人已经在法国生活了一段日子，法语水平 B1 及以上，我们也欢迎选择第二年到巴黎来学习，由于第三年在巴黎的apprentissage 模式对于国际生来说比较难，我们推荐第三年在柏林。

我们招收的学生来自世界各地，他们都拥有优秀的个人素质，并希望获得国际化职业生涯。

汤叔：对于未来要申请就读于 ESCP 欧洲高等商学院的中国学生，您是否有一些忠告和建议要提供给大家？

答：我们建议所有申请的学生在整个过程中足够真诚和真实，而且也要证明自己拥有总结归纳能力和开放精神。而对于不同语言学习的兴趣融入学校也同样非常重要。

4. SKEMA 商学院

SKEMA 商学院是一所定位独特的商学院：源自法国，立足世界，通过国际化教育，成就全球化人才。SKEMA 由法国里尔高等商学院（创建于 1892 年）和尼斯高等商学院（创建于 1963 年）两所历史悠久的精英商学院合并而成，合并目的就是希望融合两校优势，建立集群规模，打造具有国际竞争力的一流商学院。作为一所在全球拥有多个校区的国际化的商学院，学校开设了从本科、硕士、博士到高管培训等一系列以英语和法语授课的项目，为学生提供全方位的优质高等教育。

SKEMA 商学院致力于成为一所国际化的商学院，在全球五大洲开设校区，培养卓越的经济管理人才。学校同时获得欧洲管理发展基金会 EQUIS、国际精英商学院协会 AACSB、英国工商管理硕士协会 AMBA 三大商科教育权威认证，目前已在法国（里尔、巴黎、索菲亚·安提波利斯），美国（北卡罗来纳州罗利市），巴西（贝洛奥里藏特）和中国（苏州）开设校区。根据所选项目，学生在学期间有机会到多个校区学习生活，开拓视野，体验多元文化，为将来的职业生涯做好准备。

目前，共有来自 120 多个国家的 7500 名学生在该校学习。

院校专访摘录

汤叔：目前 SKEMA 的中国留学生大概有多少？他们在学习中的表现如何？在您看来，中国学生和法国学生相比，自身的优势和不足分别在哪里？

答：目前，在 SKEMA 六大校区共有约 700 名中国学生。这些中国学生达到了我们的录取要求并通过面试后，入读 SKEMA，和来自其他国家的学生一同学习生活。我们一直密切关注各国籍学生数量，以确保比例平衡。

中国学生都很认真优秀，也很喜欢我们注重实践的教学方式。比起其他国家的学生，中国学生相对内敛。在 SKEMA 有很多小组作业，中国同学需要与其他国家的同学协作完成小组任务；这可以帮助他们越来越放开自己，融入国际化的氛围。

我有两点建议想要送给即将入学的新同学：①要不断提升自己的英语水平，英语是学习的必备语言，流利的英语对于大家的学业非常有帮助；②从进入学校的第一天就放开心态，努力融入新的学习环境。无论中国学生还是法国学生，到一个新的国家一定会碰到文化差异，一个开放的心态不仅能够帮助你快速适应学习环境，也对你将来走上社会，踏上管理岗位起到很大的帮助。

我还想特别指出，SKEMA 巴黎校区的新丝路中国学生联合会是一个致力于帮助中国学生快速融入法国生活的学生社团。他们组织法语课程和各种中法文化活动，帮助中国学生适应新的环境，让大家的在法生活更为便捷、丰富多彩。

汤叔：通过 SAI 申请和单独申请两种方式，对于学生来说有哪些不同？

答：这个问题仅针对申请管理学硕士项目的学生。

SAI 五校联考汇集了全法五所著名的高等商学院，SKEMA 就是其中之一。通过 SAI 申请意味着申请人可以同时报考这五所学校，适用于还没有最终定下申请目标的学生。

单独申请这种方式只能申请 SKEMA 一所学校，适用于已经决定选择 SKEMA 并致力于加入我们这所国际商学院的学生。

值得注意的是，两种渠道同时申请的做法是不可行的，也就是说申请者必须在两种方式中做出选择：或者通过 SAI 申请，或者单独申请。两种申请方式中学校对学生的要求是完全一样的：我们只挑选最优秀和最积极的学生加入 SKEMA，申请者必须提交 GMAT 或 GRE 成绩。

需要说明的是，SKEMA 其他项目的录取流程与管理学硕士不同，只能直接通过 SKEMA 进行在线申请，SKEMA 官网上有详细的在线申请填写指南。

汤叔：如果想申请 SKEMA 的硕士阶段，应该要注意哪些问题？或者说您是否对申请者有一些实用的建议？

答：我们开设了多样化的硕士项目：管理学硕士项目（可选英语或法语授课）、国际硕士项目（18 个专业，英语授课，根据学生背景，学制为 1 年或 2 年）以及专业硕士项目（6 个专业，法语授课）。我们希望加入 SKEMA 的中国学生，都能在 SKEMA 找到最适合自己的专业。每个专业的开设都是以就业为导向，这就要求学生提前认真了解每个硕士专业的具体学习内容、就业方向和职业发展前景。学校希望每位学生认真考虑专业的选择，以符合自己的个人发展规划；也希望同学们在与所选专业系主任面试时能清楚阐述选择这个专业的动机。

我对申请者的建议总结如下：

根据个人职业发展规划，认真选择申请专业（SKEMA 商学院苏州校区的亚太招生团队可以为你提供建议和指导，官网上也有对各个专业详尽的介绍）；

在面试期间清晰地表述自己的动机；

通过相应的英语水平考试；

被录取后，请尽快注册以便尽早开始签证申请，为适应所选校区生活提前做好准备。

汤叔：在最近看到的 XT 杂志提供的一组数据中，SKEMA 的本科项目表现也很突出，您是否可以为我们简单介绍下？

答：SKEMA 的本科发展非常迅速，包括以下 3 个本科项目：

国际管理 BBA，全英语授课，有超过 10 个专业可供选择。学生前两学年在法国校区学习，后两学年在 SKEMA 国际校区或在所选项目的合作大学学习。这是目前法国商校开设的最具竞争力的四年制本科项目之一，就业情况喜人，职业发展前景良好。该项目迄今已开设逾 25 年，并为法国高等教育部认证文凭。

国际商务 BBA，全英语授课，前两学年在美国罗利校区学习，第三学年学生可选择在法国、巴西或中国学习，第四学年返回美国完成学业。毕业后，学生可获由美国北卡罗来纳州颁发的学位证书并申请美国 OPT（美国移民局授予留学生的毕业实习许可，有效期一年），从而在美国开始自己的职业生涯。

法语本科 ESDHEM 项目，法语授课，学制 3 年到 4 年，学生可选择就读管理学或法学方向。顺利完成学业后，学生可以获得由 SKEMA 法国合作大学授予的学位。在学习期间，学生同时学习精英商校入学考试备考强化课程，为继续深造做好准备。这一项目也越来越受到讲法语学生的青睐。

汤叔：对于希望就读于 SKEMA 的学生，包括硕士和本科在内，有哪些专业是您比较推荐的？

答：就我个人而言，在学校开设的这些专业中做出选择不是一件容易的事情，因为 SKEMA 所有专业的开设都是为了培养企业所需的人才，所有的讲师和教授都拥有丰富的职业经历和教学经验，所有的专业都提供高质量的教学。我建议同学们选择最适合自己，符合自己职业规划的专业。

我可以为大家列举几个知名专业：

管理学硕士：全球排名 26，适合有意从事在管理领域开展国际职业生涯的学生；

金融市场与投资国际硕士：《金融时报》金融硕士排行榜全球前十；

国际市场营销硕士：培养学生的市场营销和商务拓展能力；

两个奢侈品管理国际硕士特别是国际奢侈品管理（SKEMA与北卡罗来纳州立大学双学位）；

国际酒店管理硕士（SKEMA与法国费里耶尔城堡精英学院双学位）。

第三节 工程师院校

1. 巴黎综合理工学院（École polytechnique）

巴黎综合理工学院（École polytechnique），别称"X"，创立于1794年，最初的校名为"中央公共工程学院"，后被拿破仑一世在1804年军校化，是法国最牛的工程师精英院校，也是欧洲最顶尖的工科院校之一。每年法国国庆游行的队列里，都能看到Polytechniciens（综合理工人）的身影。

巴黎综合理工学院每届培养约500名工程师学生。该校的入学竞考是全法历史最久、难度最大的竞考之一。不同于一般的法国工程师学院，该校现行的工程师教育学制为四年，接受Bac+2以上学历的学生就读，毕业后可获得Diplôme de l'École polytechnique。完成前三年教育的学生将获得Titre d'ingénieur diplômé de l'École polytechnique，这是从1937年开始设立的。

除了传统的工程师学制，学校还开设有硕士学制和博士学制（PhD），去年又新开设了本科项目（Bachelor）以及全英语授课的项目。不管对于何种学制，都有一个共性，那就是培养最顶尖的理工类人才。但是，除了理工科课程以外，学校还会开设社会科学、人文科学、外语和体育等学科课程，同时注重学生的情商、创新力及管理能力的培养。

学校另一个独特的优势，是和工业、企业的紧密深入合作。基于此原因，学生拥有非常好的实习机会，此外，有很多企业精英会来校授课，也有企业会投资学校科研项目，这些都是普通学校无法比拟的。

还有一点值得关注的，就是学校很注重学生创新能力的培养，这也是一流工程师学院的共同特点。学校成立了专门的企业创新学院，不论是从实习还是从案例设计环节，都定位在和企业一同合作解决实际中的创新需求，将实用性发挥到最大。因此，有5%左右的学生在尚未毕业或者刚刚毕业就成立了自己的公司。

院校专访摘录

汤叔：巴黎综合理工都开设有哪些项目？能否向我们介绍一下在您心目中贵校

最具特色的项目有哪些?

答:我觉得我们学校所有的项目都是最好的!当然,最知名的,也是历史最悠久的项目肯定是工程师项目。从 1995 年开始就有中国学生进入我们学校学习,他们都是精挑细选的精英,这些学生在毕业后都收获了人生的"金钥匙",或进入一流企业成为公司高管,或在研究领域有所建树。今天,我们并未停下探索的脚步。我们仍在不断开拓新项目,把重点放在创新改革方面。今年,我们首次创立了 5 年制硕博连读项目,当学生进入 master 阶段学习的时候,我们就从中挑选最优秀的学生,希望他们参与到新项目中来,从硕士阶段就进入实验室,接触真正的研究工作。此外,我们开设了全英语授课 2 年制硕士项目,旨在为企业输送实践精英。我们现在已经开展了和很多领域的合作,开设了可再生能源、大数据、新经济市场、物联网等四个主要专业方向,在学习过程中,学生将在法国或在国际企业内完成一次重要实习。当然,另一个重要的全新英语授课项目,就是我们的三年制大学本科(Bachelor)项目,对于这个项目来说,数学和理科知识的储备非常重要,学生有三个专业可供选择:应用数学—物理,数学—计算机,数学—经济学。

汤叔:我们一直以来都听说巴黎综合理工学院是一所入学难、毕业更难的院校,对于这样的说法,您怎么看?

答:这样说是有一定道理的。但是相比较来说,入学更难。巴黎综合理工是通过竞考(Concours)来遴选学生。很多学生会咨询关于 GPA 的要求等,但这很难准确回答,因为对于竞考来说,这是一个竞争的过程:我们会举办相关的考试,选取报考中最优秀的学生。我们注意到所有通过竞考的中国学生,无不具有超强的数学和理科能力。而被录取的学生在毕业方面则不会存在太大的问题,毕竟能够通过竞考的都是精英学生。当然,学生在学习过程中会面临比其他学校更重的学业压力,但我相信他们早已具有足够的能力来应对这些挑战。竞考的入学模式,保证了他们日后的成功。

汤叔:正如您之前介绍的,贵校的每个毕业生都能顺利找到工作,那么,想请您具体介绍一下咱们毕业生在企业内部的就职情况,比如职位、薪资待遇水平等。

答:这个问题回答起来有些难度,因为我们的毕业生就业领域实在太宽泛,有些是进入研究机构进行科研开发,有些进入企业管理层,用工资收入来衡量是比较片面的。在学习中的辛苦付出和卓越的实习经验,使他们都完全可以快速适应工作环境,因此在就业方面没有任何顾虑,无论是在法国、欧洲其他国家或是美国。因为我们的文凭在世界范围内均受到认可,无论在哪个国家,我们的学生都绝不会受到不公平对待。如果非要针对薪资提供一个数字的话，最近四年的毕业生，在毕业后的第一份工作中的平均年薪可以达到44000—47000欧元。

汤叔：对于工程师学制来说，是否必须要通过竞考（Concours）才能入读？

答：主要来说，我们有两条申请路径：一条是在高中毕业后参加预科（prepa）学习，并通过竞考录取；另一条则是在大学获得学士学位后再进行申请。一般情况下，中国学生普遍是在中国大学获得学士学位之后，参加我们学校的竞考的，我们专门为这样的国际生设有一个入学考试。当然，我们也有一些中国学生是通过预科途径进入学校的，但这种情况是少数。

汤叔：接下来，您能否为我们详细介绍下 Bachelor 本科学制？我们知道巴黎综合理工很看重学生的综合能力，那么，对于高中毕业生来说，贵校最看重他们哪些方面的特质？比如，一般来华招生的工程师学院都会把高考成绩作为重要参考，那么贵校是否也是如此？

答：我认为我们所有学制的筛选条件都是平等的，主要考察理科以及数学能力。普遍来说这个条件中国学生都没问题。另外，因为 Bachelor 的课程是全英文授课，旨在培养更国际化的人才，我们的学生由法国学生和世界学生共同组成，所以我们也会选择英语成绩更加优异的同学，同时也需要这些同学有很强的主观能动性并且有在未来进入国际化企业工作的意愿。我们的本科专业包括应用数学—物理，数学—计算机和数学—经济学，此外，学生还需要学习化学、生物、体育、外语等课程，我们课程体系是非常全面的。现阶段，我们已经开始在中国最优秀的高中进行招生宣传了，这些中学通常都有两个序列：普校生（高考生）和国际校生。高考成绩并不是申报我们项目的必要条件。学生需要获得高中毕业，要有优秀的会考成绩，但这些学生需要通过我们的选拔。我们的选拔包含两部分：首先是材料审核，学生需要提供高中及会考成绩单、动机信、学校老师推荐信等；其次，他们也要通过学校教授的远程面试。

汤叔：对于学完 Bachelor 的学生，可以进入工程师学制学习吗？

答：当然可以。学生完全可以在世界任何国家的大学继续 Master 阶段的学习，也可以进入工程师阶段继续学习，当然对于后者来说，仍然需要参加竞考，但是这条路是可行的。

汤叔：作为一个纯英语授课的项目，Bachelor 项目的学生是否必须学习法语？

答：是的，对于不会法语的学生，法语是必修的。三年学习期间，学生每周都有2—

4 小时的法语课，学生在毕业时要达到 B2 水平。同时，这样的法语水平也是参加工程师阶段入学竞考的必要条件。

2. 巴黎高科（ParisTech）

巴黎高科（ParisTech）汇聚了全法最具声望的 10 所工程师学校，每所学校都在各自擅长的专业方向享誉盛名，教学领域覆盖了工科、理科和经济科学，旨在培养杰出的研究型及管理型人才。自 2000 年以来，该项目在中国 12 所合作院校中选拔优秀本科生，前往法国巴黎高科攻读工程师学位。录取学生在完成中国的本科学业之后，在法国进行为期两年的学习，授课语言为法语。项目自 2017 年向所有中国高校学生开放申请。

巴黎高科成员学校名单：

环境与生命科学工程学院（Agro ParisTech）

国立高等工程技术学校（Arts et Métiers Paris Tech）

国立化学学校（Chimie Paris Tech）

国立路桥学校（Ecole des Ponts ParisTech）

国立统计与经济管理学校（ENSAE ParisTech）

国立高等先进技术学校（ENSTA ParisTech）

高等理工化工学校（ESPCI ParisTech）

高等光学学院（Institut d'Optique Graduates School）

国立巴黎高等矿业学院（MINES ParisTech）

巴黎高科国立高等电信学校（Télécom ParisTech）

3. N+I 工程师联盟

N+I 项目是由 70 多所法国工程师学校所组成的联盟（成员都属于法国大学校 GrandeEcole 联盟），是一个非营利机构，机构的主要目的是帮助法国精英工程师学院招收优秀的国际人才，致力于培养高水平、掌握多门外语、能够在多文化背景下主持领导国际性项目的工程师人才。

N+I 工程师项目涵盖了所有科学和工程领域的专业，如农学、农产食品加工、生物科技、化学、物理、机械、电子、信息、航空、环境、土木、数学等专业。

学生可以在两年后获得工程师文凭和国家标准硕士文凭。完成硕士文凭后，学生可以继续攻读博士文凭。

N+I 工程师学校遍布法国 40 多个城市：巴黎、图卢兹、南特、波尔多、里尔、马赛、里昂、蒙彼利埃、斯特拉斯堡、拉罗谢尔、雷恩、圣埃蒂安、利莫日、南锡、梅兹、克莱蒙费朗……

N+I硕士项目需要2年来完成（修满120个欧洲学分），其中一年半为授课阶段，半年为实习阶段。

4. 巴黎高等电子学院（ISEP）

巴黎高等电子工程师学院位于巴黎市中心，成立于1955年，最初校址为巴黎天主教学院物理教授爱德华·布兰里发现金属屑检波器并带动无线电报发明的地方，是一所专注于计算机科学、电子工程、通信工程和多媒体等学科并获国家承认的私立高等工程院校。

同时，ISEP是法国大学校成员之一，也是法国高等专业学院会议（CGE）成员。ISEP目的在于培养符合行业需求的工程师和研究人员，注重与企业的密切联系，ISEP将他们的精力投入到研究项目、技术操作及与工业集团、计算机服务企业、大学实验室、法国以及欧洲政府的合作。ISEP拥有强大的国际地位，与100多个国际合作伙伴联合进行项目研究、师生交换等。ISEP的科技硕士项目每年接受大量的国际学生。自2008年以来，ISEP采用创新的教学方法来提高竞争力。

巴黎高等电子学院拥有两大校区：第一个校区为Notre-Dame des Champs，位于巴黎第6区。第二个Lorette校区，坐落于IssyTes-Moulineaux，巴黎近郊的92省，为新技术城市。该校区占地10余公顷，森林环绕，现代化设施齐全，拥有一间能容纳200余人的大阶梯教室，整个校区能保证1000余师生的教学实验等工作。这个战略定位一方面可使学生与法兰西岛的大企业保持直接联系，另一方面又可以充分享受巴黎生活。

自2001年起，ISEP成为美国斯坦福大学在巴黎开设的分校。除此之外，学校还和新加坡南洋理工大学，西班牙马德里理工大学等115所名校有合作项目。100%的ISEP毕业生有在海外交换或实习的经历。

ISEP在全球有400多家合作企业，学生在读期间平均实习9个月。100%的ISEP毕业生在毕业后三个月内找到工作，平均起薪44100欧/年。

5. 里昂国立应用科学学院（INSALyon）

法国国立应用科学学院（简称INSALyon）成立于1957年，是法国著名的教育部直属培养工程师的大学校（Grande Ecoled'Ingénieur）集团，共有约9000名在校学生，每年获得工程师文凭的毕业生人数约占法国年培养工程师总数的10%。该大学集团共有五个校区，分别位于法国五座不同城市：里昂、雷恩、鲁昂、图卢兹和斯特拉斯堡，提供为期五年的高水准工程师教育，学生毕业后获得法国高教部授予的工程师文凭和硕士学位。其中里昂国立应用科学学院（INSALyon）的实力最强。

里昂国立应用科学学院位于法国里昂市，是法国著名的高等教育和科研机构，是一所顶尖的法国精英大学（GrandeEcole），也是欧洲知名的理工大学之一。作为法国国立应用科学学院集团（INSA）创始成员，其高质量的教学、工程师培养和科研水平在法国和国际上具有极高的知名度，在法国各大报刊杂志的高校排行榜中均名列前茅，曾被法国第二大日报 XT 誉为"工程师院校的典范"。2007 年起，里昂国立应用科学学院与里昂一大、里昂二大、里昂三大、里昂高等师范学院、里昂中央理工大学等里昂地区的十余所著名大学和科研机构成为法国第二大高等教育和科研的核心——里昂大学（Université de Lyon）的隶属院校。

在 INSALyon 学习，可充分享受浓厚的科学氛围和先进的教学设备，经验丰富的教师采用适合于具有多元文化的学生群体的教学方法，在学习期间，所有学生将在法国或其他国家参加六至九个月的工程师实习，并在第五年完成毕业论文。此外 INSA-LYON 始终坚持建立国际性开放大学的办学方针，主要表现在：

——与世界上 40 个国家的 220 所大学建立了合作关系；

——在学生培养和科学研究等方面发挥着其国际影响；

——开设了 10 个语种的外语课程；

——特别设立英语、德语及东方语言教学计划；

——75% 的毕业生在法国以外的国家参加过工业实习或作为国际交换学生；

——在校学生的五分之一是外国留学生。

第四节　综合性大学

1. 巴黎第一大学（UniversitydeParis Ⅰ Pantheon-Sorbonne）

法国巴黎第一大学（简称为巴黎一大）的前身是巴黎索邦神学院，始建于 13 世纪，迄今已有八百年历史，堪称欧洲乃至世界上最古老的大学，一直以来在西方学术界享有崇高地位。巴黎大学造就了大批世界顶尖的专家学者，如包括居里夫人在内的八位诺贝尔奖获得者，并创造了无数垂范后世的学术经典。

1968 年法国学潮之后，法国政府为改善教育品质，将原巴黎大学拆分成 13 所各自独立的大学。巴黎一大作为原巴黎大学的最主要继承人，在巴黎拉丁区索邦神学院的旧址上获得独立和重建。

巴黎第一大学坐落于巴黎市中心最有文化气氛的拉丁区，是世界上最富丽堂皇的大学之一。该校是一所以法律、政治、经济管理以及人文科学为主的综合性大学，在欧洲乃至世界相关学术界里有着重要的影响，为法国的学术、行政、司法、企业、学术等方面培养了大批优秀的人才。

巴黎第一大学经济管理学部包括经济学、管理学以及数学与计算机信息学 3 个教研单位（UFR）；人文科学部集中了历史学、地理学、哲学、艺术史与考古、造型艺术及艺术科学等教研单位；法律与政治学学部则包括法学、行政与公共部门、商法、欧洲与国际研究、政治学及劳动与社会研究、经济与社会管理与社会法等教研单位。

可以说，巴黎第一大学的科学研究既继承了名校历史所遗传的卓越传统，又在研究主题与方法上不断创新。

校友分享：一位留法归国学者的法兰西八问

（1）您是什么时候出的国？当初为什么会选择法国留学？真的到了法国之后，和您想象中的留学生活一样吗？有没有哪些不适应？如果有，又是如何克服的？

答：我是 2001 年国内本科毕业去的法国巴黎。之前对法国的历史、文学很感兴趣——中学、大学期间读过《茶花女》《包法利夫人》《红与黑》《巴黎圣母院》等名著，也对伏尔泰、卢梭、雨果、狄德罗等大师耳熟能详。带着这份敬意与好奇，在大三时就计划去法国，想实地了解、感受一下出了这些伟大作品、伟大人物的国家会是一个什么样子。初到法国，从市容街景到风物民俗，基本上还是和自己想象的差异不大。但巴黎圣母院、荣军院、凯旋门等等名胜古迹比想象中的甚至是在明信片上看到的还要美丽、壮观！

（2）在法国，您就读的是哪所学校？能为我们简单介绍下吗？您一直都就读于这所学校吗？在您眼中，这是一所怎样的大学？

答：在法国的 8 年多时间，我曾在 3 所大学就读。第一是 Cergy-Pontoise 大学。这是一所 90 年代（具体时间待考）建立的新学校。这里朝气蓬勃，而且颇有抱负。所以课业要求较严，师资也是一流。第二所是巴黎一大。这是老牌名校，尤其在我就读的经济专业知名度很高，也有很多法国及外国的名师大家。这里的学术气氛很浓，各种研讨会十分活跃，但知识体系略显"老气"。第三所是巴黎十二大（近年来已经合并为巴黎东大学）。这也是一所比较新的学校，其中的经济学专业规模不大。由于我在这里主要从事博士论文的写作，没有修过课，所以对这里的教学不好品评。

（3）您在法国学习的专业是什么？这个专业究竟是学什么的？它和您国内的专

业关系密切吗？

答：我在法国学的都是经济学专业。我在国内学习的是公司金融，基本上同属相似范畴，联系还是比较密切的。

（4）您是同时经历过国内和国外的大学教育的，在您看来，二者有哪些不同？在法国大学里学习也是依靠期末考试分数来决定是否通过吗？

答：在法国上课，一般也以考试为最主要的衡量标准，但会兼顾平时的小考和期末大考，以及课堂演讲讨论等多种形式。一次发挥失常还可以补救。在这里要强调的是，课堂演讲讨论这种考核方式在国内并不普遍，但我个人感觉这种形式对锻炼、提高口头表达能力很有帮助，并且终身受益。

（5）您在法国读到了博士毕业，那么能不能给我们简单介绍下在法国博士申请和就读的一些情况？

答：法国的博士申请各个学校、老师可能会有各自的标准。据我的经历而言，除了硕士成绩达到一定标准以外（如评语在 assezbien 以上），再有就是同导师沟通，论证自己选题的重要性、创新性、可行性。如果导师同意，一般就没有问题了。

（6）在留学生涯中，您肯定接触了不少中国和法国的学生，在您眼里他们对待学习和工作有哪些差异吗？

答：我所接触到的中国和法国学生一般都很勤奋刻苦，尤其是硕士、博士阶段。当然，也会有一些差异。比如中国学生可能会更多的关注笔记、教材，法国学生在一起讨论比较多，口头表达能力也比较强（不仅仅是语言问题）。就工作而言，法国人的"工作时间"和"私人时间"分得比较清楚。工作时很专注，但休闲时也很放松。

（7）现在您选择了回国工作，那么这段留学经历对于您现在的工作有哪些帮助吗？

答：首先是专业上的进步——这不仅包括知识上的积累，还包括严谨的学术态度、学术规范的培养、表达沟通能力的提高。此外，还有就是对许多事物有了国际视野与开放的心态，不会仅仅从中国的角度"单方向"地思考，也不会将自己的思维固化。

（8）对于未来想要去法国深造的同学，您有哪些忠告和建议可以提供给他们？

答：①用积极、开放、包容的心态对待外人外物，不"故步自封""夜郎自大"，也要有文化自信，不要"妄自菲薄""崇洋媚外"。②打牢语言基础（在掌握法语的同时，英语也不能荒废）。③专业上（主要是社会科学方面），对于中国留学生，比较中西异同或者以西方方法、视角，解释、评析中国故事都是不错的研究切入点。

以上是个人的一点随想、体会，希望对有志于留学法国的青年学子有所启发！

（本文作者李成，现任职于中国社会科学院经济研究所）

2. 巴黎第三大学（Université Sorbonne Nouvelle-Paris3）

巴黎第三大学成立于1970年，起源于原巴黎大学文学系，位于拉丁区中心，绝大多数校区位于巴黎5区。它的前身是索邦大学，继承的是巴黎大学前文学院。1971年开始用"新索邦"（Sorbonne Nouvelle）这个校名，表明它在巴黎拉丁区的历史根基及其所担负的在大学高等教育与研究领域广泛创新的使命。

巴黎第三大学现有在校学生17000多人，学校在语言、文学、艺术和媒体及人文社会科学等领域提供本、硕、博阶段的高质量教学，可提供110种国家文凭和13种大学校颁文凭课程，涉及学科领域如下：表演艺术（电影与广播电视、戏剧）；信息、传播交流与文化媒介；语言科学、外语教学法（其中包括外国语法语）；外语：外国语言文学与文化（德语、英语、西班牙语、葡萄牙语、意大利语、罗马尼亚语、阿拉伯语）、应用外国语；文学（法国文学、比较文学）、人文与社会科学（欧洲研究、拉丁美洲研究）等，为全法国语言文学及社会文化类专业最为权威的大学之一。

校友分享：我在巴黎三大读LEA

我在巴黎三大学的是Anglais et culture economique，这是一个以英语为基本语言、经济为专业方向的专业。授课语言基本为一半英语一半法语，上课的形式大部分都是小课，遇到不懂的问题直接提问，老师会耐心解答（曾经遇到过一位同学在统计学的课上说她全没听懂，老师便从头到尾又专门为她讲了一遍）。

我们专业的淘汰率比较高，听一位同学说大一刚进专业时总共150多人，期末考试时还剩90多人，再次开学时便只有50多人了……但于我而言，我认为有挑战，但不至于太大。几乎所有的课，老师都会将上课内容装印成册，起码能知道老师在讲什么（之前听过一些大课，老师讲得天花乱坠，然而我却听得云里雾里……）！

至于其他方面，永远不要相信公立大学的行政系统就是了……

（本文作者是目前就读于巴黎三大 LEA 专业的吴王韵）

3. 巴黎第四大学（Université Paris-Sorbonne）

巴黎第四大学，即巴黎—索邦大学，聚集了法国乃至欧洲文学、语言、文化、社会与人文科学领域的精英，因此它也充满自信在校名下写了这样一行附属文字"巴黎索邦－文学与文明"。

其前身可追溯至 1257 年由 RobertdeSorbon 创立的索邦学院（Collège de Sorbonne），在巴黎大学文学院的基础上，根据 1970 年 12 月 23 日的法令建立了现在的四大。

巴黎—索邦大学位于法国巴黎市区，它继承了部分原巴黎大学的文学院，在著名的索邦校区拥有部分教室，巴黎的左岸拉丁区正是因索邦大学的人文艺术气息而闻名全球。

巴黎—索邦大学现有在校学生 23000 余人，其强项是艺术、语言、文学、人文科学、交流、教育领域。

校友分享：初识巴黎四大本部和 Clignancourt 校区

我是一名在法留学生，在巴黎四大，即索邦大学，就读历史专业。从九月中旬到现在，大概在索邦的 Clignancourt 校区度过了一个多月的时间。从环境到课堂，从同学到老师，都给我留下了和国内完全不一样的深刻印象，接下来就浅谈一下自己一个多月来的感受。

大约是九月初在学校本部注册课程，当时还不知道本部和我现在上课的校区是不一样的，只感觉学校历史气息浓厚，建筑装饰似乎都保存了百余年，和国内大学动辄很占面积的校区不同，这边的校区不大，但功能区域相对集中，虽历史悠久但现代化设备齐全。只是食堂离校区是有一点距离的，毕竟在市中心，寸土寸金。

总之，在这里给了我同国内学校完全不同的印象，而当我到了我上课的 Clignancourt 校区的时候，又是另一番体验了。

我的专业是历史系，校区并不在本部，当时从学校得到消息的时候我是很担心的，Clignancourt 在巴黎正北，靠近 Garedunord 等火车站，治安状况相对不如南方。开始的时候，抱着忐忑的心态来这里上课。过了大约两周，我的顾虑烟消云散，Clignancourt 的建筑装修设施比本部要先进一些，交通也比较方便，两个大食堂其实伙食也不错，最重要的是有体育馆，旁边还有两个足球场，对于我这种足球狂热粉来说真的很幸福！

经过这一个多月的生活，我也逐渐适应了法国公立大学的学习方式，总的来说，老师管的并不严，学习的自律性在于自己，比如我的历史学科，就需要在课堂之外看很多书，否则类似于 commentaire 的作业就应付不了。总之，只要努力，就能够毕业。

除了上课，课余生活其实也很丰富。学校可以选修足球课及其他的体育课，Sorbonne 学校内部的活动也不少，作为中国留学生，学联也是一个重要的组织，通过学联活动可以认识不少其他系或学校的同学，拓展朋友圈，丰富课余生活。

总之，欢迎有意愿来法国特别是索邦大学留学的同学们，祝你们留学生活愉快！

（本文作者是目前就读于巴黎四大历史专业的陈正华）

4. 巴黎第六大学（Université Pierre-et-Marie-Curie）

巴黎第六大学（又称：皮埃尔与玛丽·居里大学）是前巴黎索邦大学理学院的主要继承者，是目前法国唯一一所只有理工学科的公立大学。

巴黎第六大学历史悠久，在 19-20 世纪中叶培养出了大批世界著名科学家，其中最著名的是皮埃尔与玛利·居里夫妇。1968 年法国教育改革打破了传统学校格局，稍后在巴黎文化发源地拉丁区成立了巴黎第六大学，取名皮埃尔与玛利·居里大学，以纪念曾在这里学习工作过的两位杰出科学家。

巴黎第六大学实力雄厚，数学学科世界排名第一，化学领域、物理、工程、地球物理学和材料科学也是名列前茅。巴黎第六大学拥有 181 个实验室，与法国国家科研中心（CNRS）、国家健康与医学研究院（INSERM）等大型研究机构和巴黎高等师范学院、巴黎综合理工学院、法兰西学院、巴斯德研究院等著名学术机构合作，研究领域涉及四大跨学科轴心：模型化与工程—物质与新材料—空间、环境、生态—基因组、交流系统。

截稿期间，正在巴黎六大就读的学生刘林杉（2017 年 9 月就读数学系大学二年级）和王雪鹭（2017 年 9 月就读理工学院大学一年级，六大学联宣传部专员）正值考试，我们就没有打扰他们做分享感言，大家可以随后在微信公众号"维克托成功留法"

中找到更多关于巴黎六大招生项目的信息以及学生分享。

5. 巴黎第七大学（Université Paris Diderot-Paris7）

巴黎第七大学又称巴黎狄德罗大学，成立于 1963 年，是创建于 1253 年的前巴黎大学的主要继承者之一，也是索邦巴黎西岱盟校 l' Université Sorbonne Paris Cite（USPC）创始成员。

学校位于法国巴黎市中心，是法国及欧洲顶级的研究型大学之一，在医学、理学、人文科学与社会科学等领域享有国际性的声誉和影响力，并与世界各地多所顶级大学建立了广泛合作关系。同时，该校也是法国学科涉及面最广的大学之一，是巴黎地区唯一集医学、人文与理工于一体的一所综合性高等院校。目前有在校学生约 27000 人，其中国际学生约 5900 人，学校共配备教研人员约3000 人。

自 2007 年起，除了位于巴黎北部的七所附属医院，该校大部分行政管理部门及院系已迁至毗邻法国国家图书馆的巴黎左岸新校区。同时，在新校址上修建了巴黎规模最大的新图书馆。

巴黎七大与中国有很深的渊源，在 2005 年与武汉大学合作建立了孔子学院，地处巴黎市重点规划地区"大磨坊"大学区及商业区。

校友分享：在法兰西，收集生命中美丽的云翳

还记得初中的时候买来的本子上总有印着的埃菲尔铁塔。对法兰西的印象，是风花雪月。高中时接触法国历史文化，才慢慢了解了这个国度。对法语和法国人的兴趣日渐增长的日子里，幻想着有一天自己也能走出去看看新世界，学习、生活在另一片天空下，尝试不一样的人生。高考过后，幸闻巴黎七大在中国的招生计划，权衡再三，我决定放弃平淡的国内大学生活，赴法留学，感受欧洲生活方式和教育方式的多样化、现代化。通过申请的那一天，我知道，我生命的旅程开启了波澜重重却令人雀跃期待的一个新章节。

法语学习从零基础开始。高考后的那个夏天干净得像一张白纸，我和很多怀揣梦想的人一起，在国内的巴黎大学班学习语言预科。音标，口语，语法，听力，零碎的小测验都顺利通过。半年后的机考和面签，我也取得了不错的成绩。深知法语基础对于留学生活和学习的重要性，在考试后我没有怠慢，而是准备口语以便更快适应即将到来的七大预科。

圣诞节前，我收到了一份最好的礼物——留学签证。一月初，启程。这一路八千公里，亲人和祖国都跟着云与月，留在了遥远的东方。

初到巴黎的新鲜感并没有被忙碌的琐事驱散。来法前就听闻法国办理事务程序冗杂严格。银行、住房、居留、学校、出行、饮食等等，在许多方面国内大学生一般是考虑不到的，而在国外，我们需要全部自己解决。独立自主非常重要，这不仅是对法语能力的考验，也是涉世的第一步，这份锻炼尤为珍贵。

在学习上我也感受到很大不同。巴黎七大本校的预科阶段还是抓基础，学习的自主性和合作性让我们从一开始的不适应到慢慢习惯，也从和老师的交流中了解了许多东西方差异。学习总是需要辛苦的，但在日积月累中，纯法语的环境让我的听力理解有了快速提高，而老师们耐心的批改则让我收获了很多感动，也对法语学习有了更为深刻的认识。我钦佩我的英法翻译老师，是她让我坚定了 LEA 专业的初心：学习语言是严谨繁复的，但是学者需要这份严谨的治学态度。以这份严谨换得世界语言交流畅通的自由是更令人欣喜的。

其实，又何止是语言呢？在我生活学习的日子里，法国人对于生活追求精致，对于学术追求严谨的态度也深深感染了我。许多方面的新了解让我重构了对法国的认识，收获了不一样的思考方式。

老师总鼓励我们走出去，用自己的双眼看看真实的法国。课余时间我经常和同学在巴黎走走，参观博物馆，深入文化长廊。对文化的兴趣辅助了法语的学习，也开阔了眼界。今年四月春假，我和好友从巴黎南下，游览尼姆、尼斯，饱览美景，了解法国文化的同时收获了不少经验。历练路上，学会保护自己，了解世界，接受真善美，我们在慢慢成熟。

来法国，是一次美妙的机缘，更像是一种命运注定。在最好的时间，最好的年纪，我能有幸邂逅法兰西，在这里继续我所爱的学业，确实是人生中珍贵的一次经历。暑假过后，就是本科第一年的起始。开学手续和课表安排发到手里的时候，已经没有了初来时的迷茫无措，而是开始规划课业生活，为将来做初步的打算。

成长需要的不是岁月，而是历练。生命中有足够多的云翳，便可以营造一个美丽的黄昏。在法兰西留学，我经历的不会是平庸，而是一个真实鲜活的人生。

（作者介绍：孙名艺，于 2015 年毕业于山东省东营市第一中学，2016 年 1 月初抵达法国，在巴黎七大进行了为期半年的预科学习。今年 9 月已经开始巴黎七大 LEA 专业 L1 的学习）

6. 巴黎第十一大学（Universityé Paris-Sud）

巴黎第十一大学成立于 1970 年 1 月 1 日，是位于巴黎南郊的一所综合型国立大学。学校前身为巴黎大学理学院，五月风暴发生数年后独立建校，是法国久负盛名的高等学府之一，也是欧洲大陆的主要科研中心之一。该校同样也是新成立的巴黎萨克雷大学（Paris-Scalay）的一部分。

该校是一所包含理学、工学、信息、医药、经管、法律、运动科学等以理工科为主的法国最大及最富声誉的综合性国立大学之一。该校的物理学、数学、化学、医学和生物科学等专业在法国享有盛誉，规模和知名度在法国名列前茅，在2015年上海交大世界大学排行中高居法国大学的第二位。而且众多校友因在物理和数学领域做出巨大贡献，获得了物理诺贝尔奖和数学届的诺贝尔奖————菲尔兹奖，如皮埃尔－吉勒·德热纳1991年获得诺贝尔物理学奖；让·克里斯托夫·约科兹1994年获得菲尔兹奖；洛朗·拉福格2002年获得菲尔兹奖；文德林·维尔纳2006年获得菲尔兹奖；勒阿尔贝·费尔吉2007年获得诺贝尔物理学奖；吴宝珠2010年获得菲尔兹奖。

最值得注意的是，巴黎第十一大学主校园位于巴黎郊区的奥赛镇上，离市中心较远，占地200公顷，包括森林、植物园甚至赛马场地。奥赛校园距离巴黎市中心有40分钟车程，巴黎一大医学院临床医学专业则离市里更近。

校友分享：留学法国，是机遇也是挑战

我一直向往和期待在国外学习生活，高三时得知巴黎十一大在母校山东省潍坊第一中学招生，和父母沟通交流达成共识：抓住这次机遇，迎接新的挑战。申请和材料准备都比较顺利，高考结束后，参加笔试面试顺利通过，也权衡各种因素，深度比较中法高等教育现状后决定出国学习，梦想的留学之旅就此启航。

要在法国学习，需要具备的首要条件就是讲法语，精通法语。不仅法国大使馆面签时要求语言能力，在法国的学习和生活也需要与人交流，学好法语就成了根本。高考后一个月赴国内巴黎大学班，与将要一同赴法学习的同学开始为期半年的法语学习。学法语不简单，从零开始，读音标，认单词，背句子语法等。好在自己有较强的语言能力，有早晚自习复习，学习方面进行的较顺利。其间，曾在法国就读留法工作的校友等多次来做讲座，谈法国学习生活，解答疑问，进一步了解法国。

经过和中外教的几个月学习，到法国大使馆机考和面签，直到次年二月拿到签证，准备离境。在首都机场和家人的分离，不舍。对赴法充满未知和好奇的学习生活，又充满信心。

乘了十多个小时的飞机后，抵达巴黎，看到起早来机场的学长学姐热情洋溢的笑容，一时的茫然似乎都烟消云散。

刚到法国时有很多手续，包括学校注册，宿舍搬入，银行开户，OFII申请，办电话卡等，在自己的尝试和学长的指导下顺利进行。

在手续办理过程中，为期半年的预科课程也拉开序幕。预科的语言学习在巴黎

十一大的索城校区进行，18 个中国商科学生一起上课，开始不能完全听懂老师讲的，在老师和同学的帮助下，快速适应了全新的学习和生活环境。课堂上经常会有小测验、小组 PPT 展示等。除了加强语言学习，每周有一天专业课学习，初步了解与今后专业课有关的简单知识。

周末和假期老师也带领我们走进法国，了解法国文化。

和同学相约音乐节，做义工活动，参观博物馆、艺术馆，去巴黎附近的城市旅行，一点点感受法国，她动人的景色和深厚的文化。

刚到法国时自己一个人学习生活有些许无助，想家；出门分不清路，坐 RER 找不到方向；语言不能完全理解的片刻茫然，有时需要英语法语加动作一起解释；办理复杂且不同于国内手续的不适应……打电话、和家人多沟通，慢慢地适应一些；多亏路上热心人的提醒，多走两次就可以记住；多记一些用法表达，就可以慢慢讲清楚；多咨询请教同学、老师和办理人员，就可以了解需要的材料和办理步骤……存在困难就是对自己的一次挑战，解决了就是抓住了历练自己的一次好的机遇。

接下来马上要进入专业学习，会认识更多法国和其他国家同学，会有更忙碌但更充实的生活，会有更多的挑战。

选择法国让我的人生轨迹在高考这个十字路口后出现了新的契机，让我学到了很多，体会了很多，亲情、友情、新的文化等等。希望，每一个人，都在自己选的路上接受浪花朵朵，扬帆远航。

（作者介绍：袁倩玉，于 2015 年毕业于山东省潍坊市第一中学，2016 年 2 月初抵达法国，在巴黎十一大进行了为期半年的预科学习。今年 9 月已经开始巴黎十一大 IUT 索城校区贸易技术专业 L1 的学习）

7. 巴黎第十二大学（Université Paris-Est Creteil Val de Marne）

巴黎第十二大学正式创建于 1971 年，于 2010 年更名为巴黎东部克雷泰伊 – 马恩河谷大学（Université Paris-Est Creteil Val de Marne），现下设 7 个系、4 所学院、3 所学校、一个研究所和 32 座科研实验室，共拥有超过 1600 名教师及科研人员和超过 30000 名在校学生。

学校可以提供超过 300 个方向的专业课程，从语言文学到经济管理再到人文社科和理科，涵盖从学士到博士的各个高等教育阶段，是一所非常优秀的公立综合性大学。

同时，因为拥有众多的合作伙伴，因此该校的毕业生在职场更容易找到适合自己的方向。

学校具有卓越的开拓创新精神，一直致力于促进国际交流，鼓励在校师生在法国甚至世界范围内进行交换交流。

8. 斯特拉斯堡大学（Université de Strasbourg）

斯特拉斯堡大学坐落于法国阿尔萨斯大区北部城市斯特拉斯堡。学校历史可以追溯到 1538 年创建的让·施图尔姆文理中学，1621 年改建为大学。1971 年因法国五月风暴影响拆分为三所独立的大学，2009 年 1 月 1 日这三所大学重新合并成为今天的斯特拉斯堡大学，合并工作于 2012 年全部完成。

斯特拉斯堡大学共有在校学生约 50000 名，教职人员超过 2700 人，在大学历史上的校友和教师中，有 17 位诺贝尔奖获得者，有 1 位教师获得过菲尔茨数学奖。大学拥有法国公立综合性大学设置的所有专业，其中尤以政治、法律、新闻、外语、管理、生化和医学学院著称。

作为法国现代高等教育改革的先驱，斯特拉斯堡大学成为法国第一批实行自治的大学，也是法国最先设立基金会的大学之一。

斯特拉斯堡大学被认为是法国乃至欧洲最杰出的大学之一，作为欧洲研究型大学联盟、21 世纪学术联盟的成员，斯特拉斯堡大学在很多领域都享有盛名，学生和教授中有 17 名诺贝尔奖得主，1 名菲尔茨数学奖得主。

9. 里昂第一大学（Université Claude Bernard Lyon 1）

里昂第一大学即克洛德·贝尔纳大学，是法国东南部大城市里昂的最大高等学府。这是一所以自然科学、技术科学和保健科学为主的公立综合性大学。1974 年，最早成立于 1808 年的自然科学院、医学院和药学院合并形成了如今的里昂一大。

里昂第一大学共设有 5 个教学研究单位（facult8），3 个学院（Institut），5 个学校（ecole）以及一个独立的系，共有超过 35000 名学生就读于学士、硕士、博士等教育阶段。

里昂第一大学在科学研究方面名声卓著，并在生命与健康科学、数学、物理、高性能计算、精算学、化学等学科拥有许多国际公认的研究专长领域。共有 96 个研究实验室获得法国国民教育部的官方资质认可，其中三分之二与法国国家科研中心（CNRS）、国家健康与医学研究院（INSERM）、国家农学研究院（INRA）及其他研究机构有合作关系。

校友分享：在里昂一大学习是怎样的体验

初到里昂时，一切都是很陌生的，身边也没有那么多的朋友，一位学姐告诉我，在这里生活，你会爱上里昂的。当时对这句话还没有太多的理解，现在看来是这样的。

里昂一大是一所以自然科学、技术科学和保健科学为主的综合性公立大学，于 1974 年重组，将最早成立于 1808 年的自然科学院、医学院和药学院合并形成了今天的里昂一大。重组后的里昂一大成为法国最大的五所大学之一。里昂一大设有自然科学院、医学院、药学院，专业颇具多样性（在百度上都可以查到）。在里昂一大，不像在法国的一些学校，你是看不到那么多中国人甚至亚洲人的，尤其是本科，这会是一种不一样的体验，你可以更好地融入法国，交到更多的法国朋友。可能是因为外国人真的不多的原因，老师也会很照顾你，不仅是像经济、数学、计算机这样的大课，选修课的老师也会私下里问问你是否理解课程怎么考核，并耐心地给你讲解，这也是大部分老师具有的品格吧。里昂一大的课程安排也是有自己的特点的。这所学校格外重视像体育、职业规划等选修课。也是因为靠近阿尔卑斯山的原因，学校经常组织滑雪活动，这也是丰富自己生活的一个好选择。

这里也顺便介绍一下里昂：

里昂虽不像巴黎那么浪漫，但确实是很适合生活的一个城市。里昂真的是一个非常安全的城市，没有那么多小偷（或者说技术没那么好），明目张胆抢手机和金钱的也很少。路上有很多便衣警察。还有一个令我印象深刻的是：查票的很多，真的非常多。这还是一座美食之城，除了各种法国美食，你也可以找到一些不错的中餐馆、日餐馆来缓解你对国内美食的渴望。周末和假期不妨也多出去玩一下：美丽的金头公园（le pare de la Tête d'Or），老城区的微缩电影博物馆（Musée Miniature et Cinéma），每年 12 月的灯光节（Fête des Lumières），美丽的罗讷河跟索恩河（Rhône，Saône），周边的美丽小镇安纳西（anneey），等等。

希望里昂可以成为你的选择，希望你会爱上里昂！

（房璇如，毕业于山东省潍坊一中，现就读于里昂一大数学与经济专业）

10. 艾克斯－马赛大学（Université d'Aix-Marseille）

艾克斯－马赛大学的历史可追溯至 1409 年由普罗旺斯伯爵路易二世建立的艾克斯大学。1968 年五月革命后，法国公立大学体系改革，后分别发展成为以文学、艺术和人文科学为主的普罗旺斯大学（艾克斯－马赛第一大学），以技术医学、理工为主的地中海大学（艾克斯－马赛第二大学）和以经济管理、法律为核心的保罗－

塞尚大学（艾克斯－马赛第三大学）。

三所大学自 2007 年起寻求合并，最终于 2012 年 1 月 1 日起协议生效，成立新的艾克斯－马赛大学，有五个主要校区。现在是法国规模最大的大学，也是法语国家和地区最大的大学。拥有数百个研究和教学合作伙伴，包括与法国国家科学研究中心（CNRS）和法国原子能与替代能源委员会（CEA）的紧密合作。马赛大学是许多学术组织的成员，包括欧洲大学协会（EUA）和地中海大学联盟（UNIMED）。

马赛大学在科学、法律、政治、商业、经济和文学等领域已经产生了许多著名的校友。迄今为止，教职员工中出现了四位诺贝尔奖获得者，拥有两位普利策奖的获奖者，四名塞萨尔奖获得者，数位国家元首或政府首脑，议会议长，政府部长，大使和法兰西共和国成员学院的成员。

校友分享：多元化的教育和丰富的社团活动

艾克斯－马赛大学是法国目前最大的综合国立大学，是集文学、艺术、医学、理工、经济管理等于一体的"超级大学"。艾克斯－马赛大学由五个主要校区组成，各个校区均拥有各自的优势学科，彼此区分但是又交流紧密，分布于法国第二大城市马赛市及艾克斯。

艾克斯－马赛大学的学生会和社团活动丰富多彩，体育竞技、文化活动、公益活动等等，即使不参与其中，也能感受到他们的青春活力。

给我印象最深刻的还是艾克斯－马赛大学自由的学习氛围以及多元化的教育系统，囊括了工程师教育本科、硕士教育及博士生培养，可以说任何学科学历背景的学生都可以在其中找到属于自己的位置并深入学习。学科与学科之间、不同的教育系统之间的交流也很频繁，你可以选择除本专业之外感兴趣的第二学位进行攻读。

（本文作者邹振海，系马赛大学在读博士，受雇于法国核辐射保护及核安全研究所）

11. 波尔多大学（Université de Bordeaux）

波尔多大学（法语：Université de Bordeaux）是位于法国波尔多的一所公立大学，2014 年由波尔多地区的三所大学合并而来。目前学校在人文社会科学、生命科学、卫生科学和科学技术领域拥有近 4.8 万名学生和 4000 名研究教授。

波尔多大学的历史最早可以追溯到 1441 年，由当时的教宗尤金四世下令成立。1793 年，法国国民公会宣布撤销包括波尔多大学在内的全部大学机构，原大学以学院的方式继续运作，波尔多大学直到 1896 年 7 月 18 日才获得重建。受 1968 年五月风暴影响，波尔多大学在 1970 年被拆分成波尔多第一大学、第二大学和第三大学，1995 年一些学院又从第一大学分离出来组建了波尔多第四大学。2014 年，波尔多四所大学中的三所（波尔多第一大学、第二大学和第四大学）重新合并为新的波尔多大学。波尔多第三大学则保持独立。

校友分享：在波尔多大学读书是怎样的体验

我当时所就读的是波尔多第四大学的经济系。2014 年，波尔多四所大学中的三所（波尔多第一大学、第二大学和第四大学）重新合并为新的波尔多大学。波尔多第三大学则保持独立，并更名为"波尔多蒙泰涅大学"。

在波尔多（第四）大学就读，配套设施齐全，图书馆、食堂、学生公寓、体育馆等等。学校旁边还设有医疗机构方便学生就医。以我个人的经历而言，学生宿舍和食堂不仅节约了我们日常开支，并且为我们提供了一个体验多元文化交流的机会。学生公寓坐落于大学校区附近，最近的学生公寓只需步行 10 分钟。

（本文作者系就读于波尔多四大经济系的李凌子）

第五节　艺术院校

1. 巴黎国立高等美术学院（École Nationale Supérieure des Beauxarts de Paris）

巴黎国立高等美术学院是由法国文化部管辖并属于高等专业学院性质的国立高等艺术学院，世界四大美术学院之一。

巴黎国立高等美术学院，是继意大利佛罗伦萨美术学院、博洛尼亚美术学院后的世界第三所美术学院，已有三百年的历史。作为全世界殿堂级的美术学院及世界四大美术学院之一，它在全世界的高等美术院校中影响巨大，在中国美术界影响尤为深远，中国的老一辈油画家徐悲鸿、林风眠、颜文梁、潘玉良、刘开渠、吴冠中等名家就毕业于这所学校。

巴黎国立美术学院结合传统美术教育和当代艺术为学生提供五年的高等教育，分别为三个方向：艺术实践、理论、技巧。为了有效灵活地提高学生的技能，除了提供工作室以及导师的专业辅导之外，学校定期组织与世界各国的艺术家会晤交流，以及旅行创作，每个学生都可以根据自己的创作方向选择不同的国家采风、学习、创作。

2. 法国戈布兰影像学院（Gobelins Ecole de l'Image）

位于巴黎 13 区的戈布兰影像学校成立于 1932 年，是第一个专攻影像课程的学校，属于巴黎工商局之下，提供学习所有影像的学习课程：定格影像、动态影像、数位影像、3D 影像……课程内容会随着业界的需要而做出调整。戈布兰影像学校秉承培育能够了解各种公司需求的影像设计人才，提供各种职前或在职培训。但大部分课程都需要有美术相关学习经历才能参加入学考试。

戈布兰影像学校在业界的声望非常高，不管是在法国还是在国际上都能看到戈布兰校友活跃的身影。学校设有图像传达、平面创意、多媒体、动画电影及摄影五大系，又分正规课程和延伸课程。

在校学生平均年龄在十八岁到二十六岁之间。Gobelins 三年动画课程规划十分注重手绘的训练，以数位为辅助工具。为了学生在毕业后能够进入动画公司，学校在课程方面更针对动画制作课程，加强观察力、表演、时间掌控、动画等训练。

Gobelins 十分积极跟外界建立合作机制，与欧美等动画学校建教合作，包括课程、老师及学生的交换计划。2002 年开始与法国安锡国际动画影展合作，让学生以团队合作的方式制作影展片头。在影展期间，每场影片的放映前，戏院都会播放这些学生制作的三十秒片头，几年下来这些短片已成为安锡影展最重要的影像标志，而专业精致的制作也成功将学生推上世界舞台。

3. 巴黎实用艺术学院（Duperré）

法国巴黎实用艺术学院旨在培养日后在诸如时装、纺织、空间设计和平面设计等创造性职业工作的人才，同时也提供有关纺织艺术行业（刺绣、织造、绒绣）和陶瓷行业的学位项目。

无论哪种学位项目，学校十分重视在一个自由而又严格的工作环境下学生所表现出来的创造和革新能力。学生的能动性、风险掌控能力和对新发现的热爱得以被注入到艺术实践当中，并时刻接受来自一支积极投入、要求严格、和蔼可亲的教学团队的支持。

繁多的和企业合作的项目使学生得以跟紧该行业全球步伐并学习行业国际规范，同时得以受邀进入工作团队。这些合作项目持续多年并多种多样。在对技术变革、现实情况和约定俗成文化的关注下，学科的多样性助长了创意服务的研究。

国际性已经越来越变成学校项目中一个不能回避的元素。大量的学生将在海外学校或海外企业度过一段时光。同时，学校也每年接受国外学生来深造。

自 1856 年创建以来，法国巴黎实用艺术学院作为巴黎市区的高等教育公立学校，每年接收 500 名大学生并颁发三个级别的应用艺术文凭：第三级是高级技师证书和艺术技能证书；第二级是在和巴黎东部马恩—拉瓦雷大学合作的职业本科框架下的文凭；第一级是高等应用艺术设计文凭（时装方向）框架下的硕士文凭。自 2011 年以来，学校还在高等应用艺术设计文凭之外，在和法国布尔工业高等应用艺术学院以及艾斯蒂安高等平面设计艺术学院合作框架下，提供该文凭更后阶段的继续深造和开放性研究。

自 2011 年以来，学校还在高等应用艺术设计文凭之外，在和法国布尔工业高等应用艺术学院以及艾斯蒂安高等平面设计艺术学院合作框架下，提供该文凭更后阶段的继续深造和开放性研究。

第七章 法国留学生活学习面面观

第一节 法国文化与法国性格

提到法国文化，很多人会想起"浪漫"一词。法国固然离不开浪漫，但说到文化，其实远比浪漫深厚得多。

"浪漫"一词，源于法语的"roman"，本意是"小说"。仅从这个词语来看，浪漫不过是一种富于想象的精神活动，多少有些不实际；如果你夸一个法国人"浪漫"，他未必会高兴。

浪漫本意虽是不实际的想象，但由此出发的法国人，却引领了欧洲乃至世界文化潮流几个世纪之久。我们谈文学，不得不提雨果，不得不提卢梭，不得不提福楼拜，不得不提司汤达、巴尔扎克、莫泊桑；我们谈哲学，不得不提蒙田、加缪、笛卡尔；我们谈思想家，不得不提伏尔泰、狄德罗、孟德斯鸠。更不用提那些在法国获得成功的名人了——波兰音乐家肖邦、荷兰的梵高、俄罗斯的夏加尔、西班牙的毕加索等。

19世纪，随着拿破仑横扫欧洲，法国文化之盛，无与伦比，欧洲各上流社会，均以会讲法语为荣。法国文化的影响遍布世界，中国的音乐界、艺术界大师都或多或少受其影响。

对于初次留学法国的人来说，面对新的文化，尤其是先进的文化，不可能不感到震撼。在与法国人交往的过程中，如果不了解其文化，不了解其性格，是很难与之深交的。

法国人的性格自然与文化密切相关。法国人普遍很自信，特别是对他们的语言——他们视法语为法兰西的骄傲。如果你能说一口流利的法语，恭喜你，你能享受到的便利超乎你的想象。

法国人好辩论。无论大事小事，他们均参与其中，自得其乐。关键不在于他们说的是什么，而在于他们的态度。他们辩论的话题，从历史到现实，从食品安全到动物保护，从文化艺术到政治态度，从自由到人权……不管哪个人，都有自己的看法。法兰西因此赢得了"高卢雄鸡"的美誉。这种好辩论实质上是对"存异"的最佳诠释。正是这种态度引领了资产阶级的全新价值观，进而影响了全世界的未来。毫无疑问，这是值得我们在法的留学生学习的。

法国人虽然好辩论，但却不固执。他们可以与你一边激烈地辩论，一边嬉闹。他们的生活总体来说是很悠闲的，工作是工作，生活是生活，分得很清。法国人的生活与欧美快节奏的生活不太一样，他们认为，活着的意义就是"享受人生"。

可能受这种思想的影响，初到法国的人会觉得他们办事很拖沓。无论是学校，还是政府机构，这种情况很普遍，所以，你一定要比国内更加耐心一些才行。

但无论如何，法国总体的文化氛围与国民性格，对中国人来说是非常适宜的。有句话说得好，"法国是欧洲的中国，中国是亚洲的法国"，相信留法的同学一定能深刻体会到这一点。

第二节 游历城市

留学的意义并不是为了告诉别人"这里我来过"。留学是一种改变，她改变人的气质，让人的目光更长远。在留学的过程中，我们了解到不同国家的人有不同的学习和生活习惯，这样心胸才能更开阔，才能明白并不是每一个人都按照你所知的方式生活。走出去看世界，然后才能更好地聆听自己的心声。如果我们有幸见识到世间最美的事物，就不应因为犹豫而错失机会。

留学法国，文化名城是一定要去看看的，下面就向大家介绍一下法国的五大城市。

1. 巴黎

巴黎是法国的首都和最大的城市，也是法国的政治与文化中心，在教育、娱乐、时尚、金融、艺术、政治等方面皆有重大影响力。巴黎也是欧洲第一大城市经济体，世界第六大城市经济体，总共有 33 间世界 500 强总部设在巴黎都会区，是欧洲最集中的地区。巴黎的高等教育机构是欧盟最集中的地区，高等教育研究与发展支出也是欧洲最高的地区，所以巴黎也被认为是世界上最适合研发创新的城市之一。

海明威曾在《流动的盛宴》里回忆他的巴黎经历，他说："假如你有幸年轻时在巴黎生活过，那么你此后一生中不论去到哪里她都与你同在，因为巴黎是一席流动的盛宴。"巴黎，又被称为"花都"，如同蒙马特高地的爱墙用多种语言写的"我爱你"一样，巴黎是一座包容的、丰富的城市。

巴黎的历史轴是一条从市中心笔直向西的直线，由文物古迹、建筑、街道组成，这条轴线的东端开始于卢浮宫，然后经过杜乐丽花园、协和广场、香榭丽舍大道，到达戴高乐广场中央的凯旋门。鸟瞰巴黎就可以感受到她整齐又不失艺术的城市规划。

巴黎的每一处景致都有自己的故事，巴士底狱见证了崇尚自由主义的法国大革命、埃菲尔铁塔见证了具有时代进步意义的工业革命、凯旋门见证了拿破仑一世的辉煌等等。从 19 世纪伊始，巴黎塞纳河沿岸众多名胜古迹被一起列入世界遗产名录。

巴黎也是美食之都，汇集了世界各地的美食，精致考究的法餐，实惠丰富的摩洛哥菜，清新特别的越南美食。每一位来到巴黎的人的味蕾都会沉醉在巴黎的魅力中。

2. 波尔多

波尔多是位于法国西南的港口城市，是法国第五大城市群。波尔多是欧洲的军事、航天和航空的研究与制造中心之一，集中了欧洲航空防务与航天公司等很多公司的研发机构。波尔多的大学学生人数超过 7 万人，除了两所综合性大学之外，还有波尔多政治研究学院，以及被誉为法国法官摇篮的法国国立法官学校等学院和教育机构。

波尔多也是一座旅游城市，号称"睡美人"，有众多的博物馆和古迹。波尔多城内的文物保护数量，在法国仅次于巴黎。波尔多的月亮港被联合国教科文组织列入世界文化遗产名单。

3. 图卢兹

图卢兹位于法国西南部加龙河畔，大致处于大西洋和地中海之间的中点，为上加龙省、欧西坦尼亚大区首府，距巴黎 590 千米。截至 2013 年 1 月 1 日，图卢兹市拥有 1291517 名居民，是法国第四大城市，仅次于巴黎、里昂和马赛。

图卢兹是欧洲航天产业的基地，空中客车、伽利略定位系统、SPOT 卫星的总部，法国国家太空研究中心的图卢兹航天中心（CST），欧洲最大的航天中心都位于这里。欧洲最大卫星制造商泰雷兹阿莱尼亚宇航公司和 EADS 公司的子公司 EADS Astrium Satellites 也是图卢兹的重要存在。著名的图卢兹大学创办于 1229 年，是欧洲最古老的大学之一，有超过 97000 名学生，与里尔大学并列法国第三大大学校园，仅次于巴黎大学和里昂大学。与牛津和巴黎的大学一样，图卢兹大学成立时，欧洲人正开始翻译阿拉伯人安达卢斯和希腊哲学家著作。这些著作挑战了既有欧洲的思想，鼓舞人心的科学发现和进步的艺术使社会开始以一种新的方式来看待自己。

4. 尼斯

尼斯（Nice）是地中海沿岸法国南部港口城市，位于普罗旺斯 – 阿尔卑斯 – 蓝色海岸大区，为滨海阿尔卑斯省行政中心。尼斯地处马赛和意大利热那亚之间，为主要旅游中心和蔚蓝海岸地区的首选度假地，尼斯是普罗旺斯 – 阿尔卑斯 – 蓝色海岸大区第二大城市，法国第五大城市。

独特的历史造就了独特的尼斯文化。四十万年前，在尼斯所处的这片土地上，就有土著人居住。在公元前后的漫长岁月里，它先后被古希腊和古罗马交替统治。因此尼斯的老城仍然具有意大利式的生活气息和情调，街道上的教堂则大都是 17 世纪的巴洛克建筑。

5. 戛纳

戛纳是法国南部的一个市镇，位于滨海阿尔卑斯省的蔚蓝海岸地区，邻近地中海，有世界上最漂亮的海滩和充满历史和生活气息的老城。戛纳独特的细沙海滩每年吸引世界各国的游客到此观光游览。

沿着令人流连忘返的海滨大道走，一边是宽阔的海滩，另一边是雅致古老的酒店。一年一度举世瞩目的戛纳国际电影节也在美丽的海滨大道的后面举办。

第三节 法国住宿

对于到法留学的学生来说，住宿是除了学习之外的头等大事。法国的住房价格相对较高，但留学生也可以像法国学生一样享受住房补贴。

法国留学生住宿一般有公寓、私人住宅、寄宿等几种方式，留学生可以根据自身情况选择合理的住宿方式。

1. 学生公寓

法国的学生公寓有公立和私立之分。

公立学生公寓是由法国政府建立，由法国大学事务管理中心（CROUS）负责管理。公寓是约 9—12 平方米带家具和盥洗设备的单人房间。此类公寓相对便宜，房租根据官方反馈在 120—300 欧元 / 月。不过缺点是：第一，房源很紧张，有时候要提前一年排队，还不见得申请得到；第二，由于是每人一间，所以整体公寓是男女混住的，而卫浴和厨房是公用的。

私立学生公寓（Residence）则相对贵一些，根据官方的参考价格，巴黎约需 590—686 欧元 / 月，外省也要 400—686 欧元。去除房补后大概房租在 300—400 欧元。室内大多有独立的卫浴和灶台。这类住宅通常需要押金，押金一般是 1—3 个月房租，水电网基本是全包的，偶尔会有自付的情况。

值得提醒的是，CROUS 和 Residence 近年来也开始要求有担保人，有些可以由学校做担保，有些则不行，这也要提前了解清楚。

2. 在外租房

在外租房主要分单身公寓（Studio）和与人合租两种。

Studio 比较独立，厨卫齐全，但价格较高，以巴黎市区为例，月租 700—900 欧元（房补前），巴黎郊区在 300—500 欧元，外省会比巴黎便宜些。这类住房通常需要通过房屋租赁网站或者房屋中介公司寻找。通常这类住房除去每月的正常租金外，很多水电费和网络费用也是要单独支付的，而且还会涉及一个叫作"杂费"（Charges）的名目，主要用于支付日常公共开支、信件、门房、公摊面积的清洁等费用。一般至少支付 3 个月房租作为押金。

与他人合租，在留学生中已越来越普遍。这种方式因为房租和水电网等都是和室友均摊，所以从生活成本上可以降低不少，运气好的话，去除房补后和 CROUS 的公寓价位差不多。

在外租房通常要求有担保人，这个问题有必要的话可以求助学校或老师。

3. 家庭寄宿

所谓家庭寄宿，也就是在私人家庭里享有 1 间带家具的房间，和房东家庭一起生活。这种方式对于短期居留者尤其合适；对留学生来说，也不失为一种解决住房的方式。根据官方给出的参考价格，在巴黎大约为每月 800—1050 欧元，外省价格可以减半。我之前的学生也遇到过一些只需承担家务而无需支付房租或者仅需支付很低房租的案例，通常这种房主都会是独居的老人家。这种寄宿的方式，其实限制蛮多的，比如，很多会限制朋友来访、限制做饭、限制用水量、限制夜归时间等。这些都要提前了解清楚，以免惹出麻烦。

除了以上几种住宿方式外，留学生还需要特别注意以下几件与住宿相关的事情：

1. 房屋状况评估

一般来讲，在签署住房合同之前，房东会带学生完成房屋状况评估，而在学生退房的时候，房东会将之前做的评估拿出来，一项一项比对，如出现损毁情况，学生交的押金中将会有相当一部分（甚至全部）作为罚款或者赔偿金被扣除。所以，在入住前，我们作评估的时候一定要细致认真。要核对清单上列的所有物品于屋内陈设是否相符，所有家具设施是否完好，墙体是否完好（如果有刮痕或污损也是要提出的），等等。因为只要做完房屋状况评估并签过住房合同，再发现任何不符之处，就都要你本人承担责任了！

2. 交房租

交纳房租尽量慎选现金方式，可选择银行卡支付或者支票支付，并留好相关票据底单，连同房租收据一并单独成册，以备随时查阅对照。有时候房东会忘记你交过房租，如果你提供不了足够的证据，就需要重新交纳；也有个别情况，是属于房东人品有问题。

3. 房补

作为大学生，有以下两类住房补贴可以申请，但两者不能同时兼领。

（1）社会住房补贴（ALS）

凡符合某些条件的任何外国留学生都有权申请并享受。补贴享受者应满足的主要条件为：

——拥有有效居留证件；

——居住城市人口超过 10 万；

——单人居住住房面积不得低于 9 平方米，且应带暖气、自来水和厕所设备（厕所可为楼层公用）；

——收入水平不超过享受该项补贴的上限。

社会住房补贴的申请应向住房所在地所属的家庭补助管理署（CAF）提出。补贴金额可达房租的 50%，但最高补助金额在巴黎不得超过 163 欧元，在外省不得超过 140 欧元。外国留学生在抵达法国，获得住房后，即可办理该项住房补贴申请。

（2）个人住房补贴（APL）

如果所租用的住房属于 APL 协议范围，则可享受房租减免补助。减免金额取决于可征税收入水平。相关申请材料须递交至住所所在地的家庭补助管理署（CAF）。应准备的材料包括：

——居留证正反面复印件，并须缴验原件；

——银行账户证明（RIB）；

——学生证复印件；

——如住所为大学生公寓，则提供一份由公寓管理机构出具的居住证明原件；

——如住所为私人出租住房，则应提供房租收据、租约及收入申报单。

4. 住房税

依照法国法律规定，凡于每年一月一日拥有或租有一处住所者均须缴纳居住税。无收入或低收入留学生可免交。如收到税务局的交税单，留学生可写信申请减免住房税。

5. 房屋保险

法律规定无论是房东还是房客都需要买相应的房屋保险。在 AXA，MAIF 等各大保险公司或 BNP、LCL 等各大银行都可买到。

第四节 生活费用与支付方式

法国生活费用要比国内高，但大学生有很多优惠。比如在大学食堂、大学公寓、住房补助、医疗保险、交通、文化娱乐等方面，留学生和法国学生一样，都享受不同程度的优惠政策。这些优惠政策保证了学生花很少的钱就可以满足基本的日常生活需要。考虑到这些优惠，留学生每月生活预算大致为：巴黎 1000 欧元，外省 800 欧元。

接下来我们从食品、看病、文娱活动、交通等几个方面详细介绍一下费用明细。

1. 食品费用

1 个羊角面包：1 欧元

1 杯咖啡：1—2 欧元

1kg 面条：1 欧元

1kg 米：1.9 欧元

1 升牛奶：1.2 欧元

6 个鸡蛋：1.5 欧元

一个三明治：5—8 欧元

2. 看病费用

全科医生：23 欧元起（医保报销 14 欧元）

神经科：37 欧元起（医保报销 24 欧元）

妇科：28 欧元起（医保报销 19 欧元）

眼科：28 欧元起（医保报销 19 欧元）

专家医生：25 欧元（医保报销 19 欧元）

牙科：30 欧元起

3. 文体活动

法国所有文化场所对学生实行减价优惠，并提供多种套餐选择，而且，法国高校一般都在市中心，距离各大博物馆、书店、电影院、剧院都很近。故总体来看，虽较国内贵，还在可以接受的范围之内。

剧院门票：30 欧元起

博物馆门票：5—10 欧元

学生电影票：约 7.5 欧元

学生游泳票：1.7 欧元

4. 交通费

巴黎交通月票：73 欧元

说完费用，再介绍一下在法国我们要用到的支付方式。在法国日常生活当中，常用的还是以下几种传统支付方式：

刷卡：非常普及，是常用的支付方式。在付款时输入银行给予的密码，一般银行卡是有上限的，超过一定的金额就不能再支付了。

支票本：信息填写要详细；支票一旦开出，最长有效期为一年；支票签出时留存根，方便同银行对账单核对。开办了银行账户之后，银行都会向客户提供最基本的支付手段，一般是银行卡和支票本。

现金：一般用于小额支付，或者在等待银行卡或支票期间使用。不建议随身带大量现金。

转账：转账需要收款人的 RIB（账户号码），一般需 48 小时才能到账。可以自己在网上转，也可以去开立账户的银行转。

自动转账：是法国常见的一种定期付款，在每月固定的日期自动转账。比如每月的水电费，可以向 EDF 公司提供一份你的银行账号信息（RIB），填写一张自动转账许可（Autorisation de prelevement）并交予你所在的银行就可以了。

当然了，随着时代的发展，中国的移动支付平台已经开始登陆法国。巴黎春天百货奥斯曼旗舰店是法国首家接入支付宝平台的百货商场，目前在巴黎已有一些大的商场、超市可以使用支付宝。微信支付也已经出现，法国 RATP（巴黎大众运输公司）与微信联手，开通了 RATP 的微信公众号，中国留学生可以从微信端查询、规划地铁公交线路，极大地方便了出行。

第五节 在读期间带薪工作

在法国，允许留学生在读期间从事带薪工作，工作时间不超过年度工时的 60%（即 964 小时 / 年）。这个工作时间不包括与课业有关的实习时间。接下来我就为大家盘点一下赴法留学都有哪些兼职带薪工作可做。

1. 餐厅服务生

餐厅服务生体力上不那么辛苦，收入每个月 1500 欧左右，还可以练习法语，收小费，可以说是很受留学生尤其是男生的欢迎。如果你个子高，长得帅气，法语也不错，那么在餐厅做服务生的时候会很受客人欢迎，每周光小费就可以拿到 50—100 欧元。

一般这种餐厅包吃包住，条件很不错。这样的工作比较适合有了一定法语基础，又想学习法语的同学，男生更适合一些。

女生可以选择做吧台调酒、打咖啡，赚得稍少一些，工作强度较轻，但有的中餐馆关门很晚，可能周末的时候休息时间不能保障。

2. 导游、翻译

导游算是轻松赚钱的活儿，但是必须要有导游证才行。不过，如果你有很多朋友从国内来巴黎"参观考察"（而且这些人都比较富有），那你的收入将会很可观，每天至少 50 欧。不过这样的工作可持续性比较低。

普通的展会翻译每天 100—150 欧，要求一般是英法、中法，或者中英法的翻译。这个工作的延续性也不很强，对语言要求很高，要指望这个过日子需要长期发展自己的固定客户，费神费力，对于留学生来说难度挺高，算是可遇而不可求。

3. 后厨、农活

去农场摘葡萄、挖土豆、摘苹果等工作的薪水很高，一个月能赚 2500 多欧。但是这样的工作比较辛苦，锻炼不了法语，技术含量也不高。由于一般不提供住宿，而这些农场都在郊区，最好跟人结伴租车往返。不过也有人带着帐篷长期驻扎，像荒野生存般，几个人一个多月后回到市区时都黑了一层瘦了一圈，不过也都很开心，因为毕竟半年多的生活费就不用发愁了。

后厨要帮厨备料，也有要刷碗打扫卫生，不过一个月 1800 欧左右的纯收入也值得抛汗洒泪了。曾有朋友做到了餐厅主厨，每个月半工半读就可以拿到 2000 多欧，不过这要求懂些厨艺，具有一定的语言能力，同时还懂得处理和老板的关系。

4. 带小孩

如果法语能力足够，那就可以帮法国人或者华裔家长带小孩了。接小孩上下学，带他们做作业，有的家长也会希望你教一点儿中文，一个小时可以拿到 12 欧左右。这个工作可以平时上学的时候做，适合学习不是很紧张的同学，不必专等到假期。不过选择这样的工作，一定要做到耐心负责。

5. 乐器老师

很多在法国的华裔希望自己的孩子会弹钢琴、古筝等，就会请在法国读音乐的留学生来家里教课。收入 10 欧每小时，一周几次，基本可以支付自己的日常开销，同时不会耽误学习。

6. 开网店

很多同学在网上经营小生意，卖些国内带过来的饰品、衣服，或是趁打折的时候购买些当地奢侈品、衣物、包包转卖或给别人代购等。如果有稳定的客源，月入 1500 欧元左右是没有问题的。

其他的留学生比较常做的工作有搬家、接机（如果你有车的话，法国的二手车并不贵）、外卖、酒店打扫（也是薪金很高的工作之一）。

除了以上工作，留学生在读期间也可以申请在法国公立高等教育机构中做学生工作。这类工作合同一般从 9 月 1 日开始，次年 8 月 310 结束，最长 12 个月。

这里再顺便介绍一下获得文凭后在法工作的情况。凡在法国获得硕士文凭或同等学历的留学生，在当年居留证到期后，均可申请临时居留证，以便于从事带薪工作。这个临时居留证为期半年到一年，不可延长。如果符合以下两个条件，还可以申请由学生身份向工作身份转换。一旦身份转换成功，就意味着你可以正式在法国工作了。这两个条件是：

（1）从事的带薪工作与专业相符合；

（2）工资至少为法定最低工资的 1.5 倍。

当然，留学生在正常的学业结束后，也可以通过直接应聘法国企业，凭借工作合同办理工作身份。

第六节　其他活动

"读万卷书，行万里路。"赴法留学，除了专业上的深造外，开拓国际化视野也是留学的主要目的之一。法国的人文，法国的教育，法国的历史，法国的科技，只有我们亲身体会，才能深刻了解其中迥异于我们的思维根源。

留学能给我们提供这种独一无二的体验空间。在十分看重文化的法国，各种文化活动层出不穷，社团组织应有尽有，留学生尽可以利用课外时间参与各种社交、社团、文化节等活动，将留学价值最大化。

1. 文化活动

法国是文化大国，各级政府对文化活动都十分重视，法国各地，包括外省都有丰富的文化活动。法国所有文化场所对学生均有优惠政策，学生在日常生活中能很方便地感受到浓郁的法国风情。法国各高校一般也都会定期组织文化交流活动，比如座谈、野炊、登山等等，以帮助各国留学生熟悉法国文化。除此之外，一些教授或职员每逢节庆，会组织一些活动招待留学生，这些都是了解法国政治、经济、文化等实况，融入法国社会的良好机会。

（1）**法国文化艺术节**：法国文化节庆种类繁多，既有音乐方面的，如斯特拉斯堡现代音乐节、雷恩音乐节、拉罗谢尔法语音乐节；也有歌剧戏剧等方面的，如艾克斯歌剧节、阿维尼翁戏剧节；电影方面的节庆就更多了，除戛纳电影节外，还有格拉德梅尔国际幻想电影节、科尼亚侦探电影节、贝阿里兹短片电影节；其他还有诸如春天博物馆节、读书节、国际连环画节等。

（2）**法国音乐舞蹈节**：法国有音乐传统，音乐节、舞蹈节众多，有卡赖老犁音乐节、南特疯狂日、马尔西亚可爵士音乐节、里昂舞蹈双年节、波尔多天使舞蹈节等。

（3）**法国高等教育署**：法国高等教育署亦有相应文化活动，比如主题讲座、高校参观、文化出游、开放日等。

CAMPUS
FRANCE
CHINE

法 国 高 等 教 育 署

（4）**全法中国学联：**"全法中国学联"全称是"全法中国学者学生联合会"，由在法国的中国学者、学生所组成。全法中国学者学生联合会在中国驻法大使馆教育处的指导下独立地开展工作，旨在为在法国的中国学者、学生服务，促进留法学人之间学习、思想及感情交流，协助他们解决学习、工作及生活中遇到的问题，以便于他们完成在法留学和工作任务，报效祖国。"全法中国学联"每年都组织很多有影响力的中法文化交流活动，比如"全法学联春晚"、中法建交五十周年青年交流音乐会、中秋塞纳河游船等，既丰富了留学生活，又促进了中法文化交流，成为中国驻法使馆教育处联系广大留学人员的重要纽带。

2. 社团生活

在法国大学，常常活跃十几二十几个学生社团，从学习到体育，无所不包。留学生参加各种社团活动，一方面有助于快速融入社会，为将来求职、工作打下良好基础；另一方面可以提高学生的社交能力，拓宽交友范围。

第八章 跨文化沟通

第一节 什么是跨文化沟通

沟通是人与人之间的交流，包括信息交流、情感交流、思想交流。如果发生沟通交流的双方处于不同的文化背景下，则这个沟通就是跨文化沟通。比如你和家乡的朋友沟通，就是普通的沟通；而到了国外旅游，和当地人之间的沟通行为，就是跨文化沟通。

跨文化沟通涉及双方存在的不同文化背景，所以其沟通效果会受到一些明显的文化差异的影响。

1. 不同的文化背景，其价值观存在差异

不同的价值观，其行为方式也会不同。比如，中国人适应性强，思维直，干活快，效率高，容易出纰漏；法国人思维发散，干活慢，效率不高，出错少。中国人到法国，一方面可能觉得法国人悠闲自在，好像无所事事；另一方面，可能会感到法国人干活松散，似乎除了罢工，没什么特别紧急的工作需要处理。

不同的价值观念导致问题的关注点不一样。中国人重视集体，甚少关注个人隐私；而法国人注重自由，尤其看重个人隐私。比如中国人爱帮助人物色对象，单位来了女大学生，第一件事就是问有没有男朋友，没有的话，一定会帮着介绍，仿佛这是一种社会道义。法国人则不然，他们对你有没有男女朋友不感兴趣。所以，如果不了解这些差异，见到一个法国人就东家长、西家短的海聊会很尴尬的。

2. 不同的思维方式对跨文化沟通的影响

法国人热爱思考，热爱普遍概念，对意见一致的对话感到索然无味。批评家艾米尔·蒙泰居说："再也没有哪个民族中抽象概念扮演如此重大的角色，他们的历史充满了惊人的哲学倾向，人们对事实毫无觉察，但是对抽象的东西充满着高度的渴望。"孟德斯鸠这样形容法国人："用严肃的态度去做一些琐碎的事情，以欢乐的心情去完成严肃的任务。"

相对来说，中国人更务实，对概念不感兴趣。

3. 不同的沟通风格对跨文化沟通的影响

沟通风格也受到文化背景的影响。沟通时，中国人喜欢先讲大的方面，然后再说小的事情；西方人则不然，通常会由小事入手，最后归结到大的事情上。

4. 不同的角色期望对跨文化沟通的影响

中国人在沟通交流时对不同的人、角色期望不同。比如,和领导沟通,一定要加职务,方显得尊重;和客户沟通,也是一定要加职务,而且是专门拣尊贵的职务加;一个人是董事长兼总经理,一定要叫"董事长"。如此种种,都是长久以来形成的固有模式。而西方人则不然,对待领导比较随便,相互之间都是直呼其名。

以上几个方面,决定了跨文化沟通之间具有以下四个方面的特点:

1. 寻找共同点

沟通的基础,就是寻找双方的共同点。而在跨文化背景下,双方共同点是非常之少的。这就导致了沟通中会出现各种的误解与尴尬。有些话题,别人不想谈,但你谈了,这就是尴尬;有些观点,别人不是这个意思,而你理解错了,这就是误会。

从心理学的角度来看,沟通就是寻找"认同"。你认同我,我认同你,沟通效果就达到了。所以,我们在跨文化沟通中,可以尽力寻找共同点,比如有没有过往相同的经历,有没有现实工作生活中的交集,有没有未来关系中的共同点,等等。找到了共同点,双方就有了继续沟通的欲望,有利于达成有成效的沟通。

2. 强烈的代入感

跨文化沟通是否有效,有赖于双方的投入程度。这个投入是多方面的,包括思想互动、感情交流等。朋友之间的交流之所以轻松愉快,原因就在于双方极其熟悉,一个眼神,一个动作,心领神会,无需多言。而跨文化背景下很难达到这样的效果。

比如,西方文化背景下有很多的《圣经》故事,你如果不了解这些故事,而对方恰好又提到了故事中的某个人、某件事,你就会一头雾水,不知所云。

3. 沟通中断的焦虑

由于缺少共同点,所以跨文化沟通常常会无话可说,双方都存在沟通失败的焦虑感。

4. 持续性

这一点很好理解。由于跨文化沟通之间困难较多,需要反复沟通,多次沟通,才有可能达到一定的效果。

第二节 跨文化沟通的障碍

1. 语言障碍

交谈作为最基本的沟通方式,需要用到共同的语言。但跨文化背景下的双方,即使选用同一种语言，也会由于理解上的偏差，引起沟通的障碍。

（1）词汇差异

对于词汇，心理学家米勒提出了一个观点——词汇假设。他这样解释道："当一个想法重要的话，人们很可能会用一个词来描述它。住在山里的人会有词汇来描述大山，住在平原的人如果从来没有见过大山，就不会有关于大山的词汇。一个事情越重要，那么有关它的词汇就越多。"

不同文化背景下，由于词汇的具体含义不同，语言结构和使用差异，会导致不同的理解。比如，有的法国人的笑话在中国人看来并不可笑；反之，中国人的笑话，法国人听了也可能无动于衷。

（2）对话距离的差异

对话距离就是沟通双方所处的空间距离。对话距离意味着不同的关系，比如，情侣间的对话距离是最亲密的，即"零距离"；朋友之间的对话距离也是相对比较紧密的；陌生人之间的对话距离最远。当然，不同的环境会对这个距离产生影响。比如在地铁里，你和陌生人之间的对话也有可能在一个非常紧密的距离下展开。在不同的文化背景下，对沟通距离的要求也不一样。

（3）语言使用的差异

法国南特大学教师克里斯汀·古埃做过一项研究，发现中国赴法的留学生，其汉语文化中的空间认知对他们的法语学习和表达会产生一定影响。

比如同是描述一件事：①苹果在红酒的西侧；②苹果在红酒的边上；③苹果在红酒的左边。法国人会选择第三种表达方式，而大部分中国人会选择第二种。

为了更详细地了解这一文化差异，克里斯汀又做了一次调查，这回有一名中国留学生选择了第三种表达方式"苹果在碗的左边"。这名中国学生已经在法国生活数十年，其表达方式很显然已经"法国化"了。

2. 沟通风格的障碍

沟通风格的障碍主要跟沟通文化有关。沟通文化分高情境沟通文化和低情境沟通文化。在低情境沟通文化中，语言就是最直接的表达方式，字面语言即核心思想。而高情境沟通文化则不然。在高情境的沟通文化中，起决定作用的不是言语，而是表达的方式、手势、语调、语速等其他因素。中国人常说此时无声胜有声，就是这个道理。

3. 文化认知的障石碍

在跨文化的沟通活动中，对文化的认知失当往往使我们产生偏见，形成虚拟假设：一是假设文化有好坏之分；二是假设其他人和自己有相似的思维和行动。

这是跨文化沟通中最明显却也最不易察觉的障碍。比如，中国人在商务沟通时，好讲关系，关系到了，沟通的效果就出来了。西方人则不然，商务是商务，关系是关系，两者从不混在一起。

第三节 跨文化沟通中的说服技巧

跨文化沟通中，需要掌握四个说服别人的技巧：

1. 说理技巧

说理遵循的是心理一致性原则、自我效能感、承诺规则。

（1）心理一致性：心理一致性原则要求我们的态度和行为与目标和利益一致，当态度行为与目标利益不一致时，可以通过说理原则来说服对方，使其意识到其中的错误。

（2）自我效能感：人们都有一种对自我的正面认识。自我效能感越高，越可以通过说理原则来说服。

（3）承诺原则：承诺原则背后的心理过程是，在心理一致性的要求下，人的行为会跟随先前的承诺，尤其是这个承诺是公开的、自由选择的。

2. 互惠技巧

互惠技巧是提供某种回报，以期得到对方的公开承诺。比如很多企业做调查之前，会免费提供一些小礼品，那些接受小礼品的人，很难拒绝随后的调查；反之，没有接受礼品的人，拒绝调查的可能性远远高于前者。

3. 奖惩技巧

奖惩技巧的理论基础是行为主义的学习理论，由心理学家斯金纳提出，主要强调的是行为的后果对行为的影响。斯金纳做过一个老鼠实验，将饥饿的老鼠放进一个放有食物的箱子，食物由箱子内的杠杆控制，当老鼠触碰到杠杆时，食物就会落下。如此几次之后，再把老鼠放进箱子里时，它会径直奔向杠杆。这种行为，斯金纳称之为正强化。许多企业的绩效奖金、年终奖金、期权等奖励，都属于正强化应用的范例。

除了正强化，还有负强化。在把老鼠放进箱子之前，让其通上电流，当老鼠在箱子里碰到杠杆后，立即断电。如是几次，老鼠也会直奔杠杆。

4. 幽默技巧

有一位美国心理学家曾经强调说：幽默是说服别人最科学的办法。美国总统林肯也曾经说过："按照我的经验，不管是对别人说明问题还是做出解释，只要以轻松说笑的方式进行，就可以让其他人更容易接受。"

在与法国人沟通交流时，掌握幽默是必须的。法国人健谈而不失幽默，对同样幽默风趣的人普遍有好感。幽默也可以起到化解尴尬场面的作用，如果沟通出现障碍，试试这个技巧，也许会收到意想不到的效果。

幽默虽好，但一定要注意掌握好尺度，杜绝以低级趣味的笑话来取悦别人。针对不同的场合和对象有不同的表现，可以让你的幽默显得更加得体，以友善、健康的态度展示自己的风趣，从而达到说服别人的效果。

第九章 留学心理问题浅析

第一节 留学生心理问题概览

近年来法国学联的数据表明，留学生心理健康问题有愈来愈严重的迹象。从生活的不适应到学习的不适应，带来诸如住房纠纷、人际纠纷、学校冲突等问题，再经不恰当的心理干预，最终导致一系列严重后果，给个人和社会带来极大的冲击。

其实，心理健康的问题不单单存在于留法学生中。据相关研究发现，中国留学生在海外学习期间，经常会出现孤独感与思乡感，严重的甚至会抑郁。这些消极情绪如果得不到有效排解，就有导致严重心理疾病的可能。

1. 在法留学生心理问题主要特点

（1）很多留法学生由于对法国文化不适应，负面情绪明显，如会感到孤独、不知所措。生活和文化环境的改变，对心理调整能力差的学生是一个挑战，如果他们不能妥善处理这个问题，将很可能无法再承担其留法的选择和学业；

（2）语言能力差，沟通不畅，影响人际交往，最终因不能融入而孤立；

（3）留学生中有很多独生子女，独立性较差，不能很好地处理自己的生活；

（4）大部分中国留学生缺乏必要的保护意识，留学生安全问题频繁出现，这也影响了留学生群体的心理稳定；

（5）中国留学生心智过于单纯，容易轻信他人，受到其他人的伤害后也会爆发心理问题。

2. 在法留学生心理问题原因浅析

这几年无论赴法留学，还是赴美留学，都存在低龄化的趋势，有相当一部分留学生在高中阶段便已经踏上留学之路。青少年正是价值观形成时期，心理状态还不成熟，当处于陌生的环境时，更会加大心理之波动。所以第一次远离父母和家人独自生活，确实是一个不小的挑战。

更进一步说，留学本身是一个不断克服困难的过程，青少年远赴海外，一方面要独自处理生活问题，另一方面还要完成对人生、对学业的持续追求与探索。在这个过程中，每每遇到挫折，便会自我怀疑，自我封闭。

3. 在法留学生心理问题干预

对留学生心理问题的重视和警觉，以及提供专业心理指导工作，其意义非常重要。而且，心理咨询和心理治疗要从留学生申请留学的那一刻即开始，这样可以事先了解其"意识"层面上的错误，破解心理上的郁结，为其提供行为层面上的支持。

当然，这对留学服务工作是一个不小的挑战。但我们既然身为专业人员，就要尽力提高自己，使自己能够胜任未来留学服务之需要。以我本人为例，自从认识到心理咨询的重要性，即开始这方面的努力探索，工作之余抽出时间到北京师范大学学习心理学方面的博士课程，同时在留学心理咨询服务中尽力提升标准，改进流程。经过一番努力，幸不辱命，工作成效显著，获得了 ISO9001 国际质量体系认证。所以，这也不是一个不能完成的任务。

第二节 正确看待情绪

什么是情绪？情绪就是对他人和客观事物的一种心理的体验。这种体验因人而异，对同一个事物，不同的人有不同的体验。比如同是看伟大著作《红楼梦》，鲁迅先生就说，"经学家看见《易》，道学家看见淫，才子看见缠绵，革命家看见排满，流言家看见宫闱秘事"。这就是体验的不同。

情绪是人最重要的本能反应，看似简单，实则复杂无比，计算能力再强大的计算机，也无法准确模拟人的情绪表达。人无时无刻不在对自己看见的、听见的、感受到的事物产生反应。我们看一部感人的电影会落泪，看到春天逝去会伤感，看到花儿开放会开心，看到秋雨会忧愁，这都是情绪的外在反应。

不管人的情绪有多少种表现形式，都可以归为两类：一类是积极的情绪，包括快乐、喜悦、爱、感恩等；还有一类是消极的情绪，比如愤怒、悲伤、恐惧、怨恨、嫉妒等。积极的情绪给人以力量，催人奋进，助人成长；消极的情绪破坏人的心境，拖累人的精神状态，使人萎靡不振，驻足不前。

情绪既然有积极和消极之分，我们自然是想积极的情绪多一些，消极的情绪少一些，这就用到情绪控制了。

正确控制自己的情绪，是一种高情商的表现。情商这个词大家已经很熟悉了，对它的重要性也都十分了解，据心理学家研究，人的成功 20% 是靠智商，剩下 80% 靠的是情商。自 20 世纪 80 年代"情商"这个词引入国内，无论职场还是学校教育，都在强调情商。情商的主要内容就是情绪管理，包括认识自己和他人的情绪，正确调节自己的情绪，以及影响他人的情绪。

我们的情绪被什么控制？

先来看看我们的情绪是被什么左右的。美国心理学家埃利斯提出了一个ABC 理论，什么意思呢？A 是激发事件（activating event），B 是个体对激发事件 A 的认知和评价而产生的信念，而 C 则是由事件 A 引发的情绪和行为后果 C （consequence）。通常我们认为，激发事件 A 才是产生情绪 C 的直接原因，其实不是这样的；激发事件 A 导致个体产生了错误的信念 B，而 B 才是引发情绪和行为后果 C 的罪魁祸首。

举个最简单的例子，同是赴法留学，有人到了巴黎感到一切都是新鲜有趣的，快乐无比，有人则不然，到了巴黎觉得资本主义的一切都是腐朽的。如果我们将赴法留学看成是事件 A 的话，那么这里有两个情绪和行为后果 C：一个是积极的，一个是消极的。所以，引发 C 的直接原因一定不是 A，而是一个中间状态 "B"。对产生积极情绪的那个人来说，留学事件 A 给他带来的是一个积极的信念 B，而对于产生消极情绪的那个人来说，留学事件 A 则给他带来了一个消极的信念 B。

从这里我们可以看到，避免消极情绪的根源在于根除人们心里的错误信念，或曰非理性信念。

归根结底，情绪来源于个体的想法、态度和价值，至于什么事件引发了情绪，其实并不重要，重要的是避免非理性理念。

第三节 保持积极心态

心理健康最重要的方面就是积极的心态。积极的心态来源于积极的认知，任何事物都有正反两面，古人云"祸兮福所倚，福兮祸所伏"，就是要辩证看待眼前的事物，无论压力还是困难。以留学为例，我们推崇的积极心态是"和谐留学工作态"。所谓"和谐留学工作态"，即是科学调节我们的情绪，建立良好的工作与人际关系，达到融合他国文化，不失母国文化，进而求得人与人之间、人与社会之间、人与自然之间的一种和谐状态。

1. 积极的心态是我们看待世界的方式

境由心生，一切外在的境况都是我们内心的映射。带着好的心态去看事、处事、做事，我们就能得到好的情绪；相反，如果我们的心是邪恶的，看到的、做出的事情也会是邪恶的，心情自然好不到哪里去。

关于此，有这样一则有意思的故事：

苏东坡有位好朋友叫佛印，两个人曾经经常在西湖一起参禅悟道。佛印是位老实厚道的人，苏东坡古灵精怪，经常占他的便宜。有一次，两人一同在西湖的船上游玩，苏东坡就突然问佛印："佛印，你看我像什么呢？"佛印老老实实地睁开眼睛，说："我看你像一尊佛。"苏东坡说："你知道我看你像什么吗？你往那儿一坐，就像一堆牛粪！"苏东坡说完哈哈大笑起来，而佛印只是静静地坐着，闭着眼睛，并没有搭理他。晚上回到家后，苏东坡就得意地将这件事告诉了自己的妹妹苏小妹。苏小妹听完后，冷笑着说："哥哥呀，就你这样的悟性还配去参禅呀？参禅讲的是见心见性，心中有，眼中才有。佛印说你像尊佛，说明他心中真有尊佛，正因为如此，他才对你的无理不争不怒。你看他像堆牛粪，你自己想想你心中有什么吧。"苏东坡听罢妹妹之言，惭愧得无地自容。

我们看到的外在世界都是内心的一种折射。你看见的必定也是你心中所有的，心灵怎样，表现出来的状态也就会是什么样子。所以，当生活中的邪恶事情扰乱我们内心的时候，当我们无力改变现实的时候，我们可以改变自己的心态，也许就能看到不同的景象。其实，人与人之间原本没有多大区别，只是因为各自看待或对待事物的态度不同，而造成截然不同的结局罢了。

人们常用"世界有多大，心就有多大"来赞美那些有远大志向的人，但是如果我们把这句话颠倒一下，改为"心有多宽，天地就有多宽"，你也能从中发现人生的另一种禅理。

在工作、生活中，总会有突如其来、纷繁复杂的事情不断扰乱我们的心，我们在忍受的同时亦接受着考验——考验我们的心有多坚韧，胸怀有多宽广。也许，没有人的肚量可以大到撑船的地步，这句古话只是用来捧人和自诩的，但是我们可以试着将眼光望远一点点，也许我们能看到的是与现在完全不同的景象。

所以，当目前无力反驳别人的错误指责，当面对上司的无理要求而反抗无效，当遇到形形色色的不公待遇无能为力的时候，看远一点点吧。没必要让这些厌恶情绪持续影响我们的心境，适时告诉自己：他的计较是因为他的心只装得下眼前，而我的心应该装得下过去、现在和未来。所以，有必要和他一般见识吗？

要时刻铭记：心有多宽，世界就有多大。在现实生活中，我们也不要太计较过去眼前的一些痛苦、烦恼和得失，那只会缩小我们的内心，心变小了，如何能装得下未来的大千世界呢？

2. 积极的心态就是不生气

生气是最差的心态，第一，生气不能解决问题；第二，生气严重影响心情。日常生活中，三气生不得：闲气、怨气和闷气。

闲气：生活中鸡毛蒜皮的小事，家长里短的闲言碎语、同事之间的磕磕碰碰、朋友之间的误会，这些气就属于闲气，完全没必要。

怨气：老是拿自己和别人比，考试没别人分高，生气；留学没别人学校好，生气；找工作没找到大公司，生气……如果一定要比，总是有人比你优秀，所以，这种怨气生不得。

闷气：闷气最伤人，也最要不得。有一位赴法学友总是生闷气，法国人是慢性子，干什么事情都慢，而他是急性子。于是，交个申请等一周，生闷气；去银行办个卡等一周，生闷气；去医院看个病，排几天，又生闷气。

3. 积极的心态要求我们正确看待压力与困难

现代快节奏的生活，给人带来的压力明显增加。调查显示，现在职场的人比十年前职场的人压力大了许多。压力来源方面，占第一位的是来自工作上的压力，其次是来自情感方面的，第三位的是来自生活方面的压力。

压力虽然无处不在，不可避免，但也是必须的。承受的压力越大，得到的历练就越多，获得的成功也就越大。这里的关键就在于我们怎么看待它。你把它当成压力，它就是压力，它会阻碍你成长；你把它当成挑战，它就是挑战，翻过它，你会得到长足的进步。

除了压力，还有困难，其实也是一样的道理，全在于你怎么看待。有一次，某位留学生深夜（时差关系，北京比巴黎早七个小时）给我发微信，吐槽留学中的生活困难，我把自己当年赴法留学住过的地方给她讲述了一遍，然后告诉她我是怎么看待这类困难的。我告诉她，第一，这些困难不是困难；第二，我更多的从历练角度来看这个问题，留学是为了成长，不是为了享受。如果单纯为了享受，还有什么地方比待在家里更好的呢？

4. 积极的心态意味着合理预期

预期是积极心态中最重要的一个方面。预期事关我们是否快乐，很多人不开心，就是因为事情达不到自己的预期。同一件事，发生在不同的人身上，会由于预期的差别而产生情绪上的不同。比如说考试考了 60 分，有的人就很高兴，及格了，不用补考了；有的人就伤心，因为 60 分不足以使自己赢得奖学金。这就是预期差异导致的情绪差异。

中国人常说知足常乐，外国人常说感恩生活，究其实质，都在说合理预期的问题。合理预期，并不意味着放弃进取，而是说能客观认识自我，认识现实。打个比方，你法语一点基础没有，想留学的话肯定要先过法语关，这里的合理预期就是先学习半年到一年法语，有了基础再去留学；如果强行要求自己一个月就学会法语，这就违反客观规律，不是合理预期了。

第四节 情绪宣泄

负面情绪的一个重要特征是可以蓄积，所以我们必须通过合理的方式将不良情绪宣泄出来。这就是情绪的表达与宣泄。

情绪宣泄，可以从以下几个方面入手。

1. 自我意识

让自己意识到现在的情绪状态，如果你能意识到负面情绪的存在，那么就能最大程度地避免负面情绪带来的伤害。

你可以用笔记或日记的方式，记录下负面情绪。在你记录的过程中，你能重新审视整个事件，什么原因，什么结果，问题出在哪里，都一清二楚。这样做，虽然你的情绪得不到宣泄，但你能意识到其中的问题所在。

记录的过程实质上就是和自己对话的过程，这是最低程度的宣泄。注意，一定是用纸笔写，而不是在电脑上敲键盘。

2. 自我宣泄

负面情绪憋在心里伤害最大，一定要诉说，哪怕是对着空气诉说，也好过于一个人撑着。

宣泄的方式莫过于大声吼唱，找一个没人的地方，大声喊叫，大声歌唱，不用顾忌形象，越彻底越好。现代都市很难找到完全没人的地方，没关系，我们可以用撕纸的方法来代替。很多人看过《红楼梦》，里面有一个有趣的章节，回目叫"撕扇子作千金一笑"，讲的是宝玉的丫鬟晴雯撕扇子的故事——晴雯不高兴了，宝玉便哄着晴雯撕扇子玩。这里面就有心理宣泄的意思。

准备好一叠纸，有意识地将其看成是负面情绪的化身，一张张撕碎。撕的时候将注意力集中于手上，狠狠地撕，用力地撕。这个动作看似不起眼，实则可以在不经意间把心里积累的负面情绪化解掉。不信的话，你可以回忆一些发生在自己身上的不经意的动作。当你生气的时候，会不会拿着一个纸团，或者一个物件，狠狠地扔出去？这就是心理宣泄。

你还可以用笔涂鸦，随心所欲，想画什么就画什么，可以是一个人，也可以是一棵树，还可以是一些混乱的线条。画着画着，你就能意识到负面情绪渐渐平息，整个人会平静下来。

说到这里，想特别提一下用笔书写对于情绪宣泄的重要性。古人常说，书法可以养性，其实说的就是如何宣泄负面情绪。书法专著《心术篇》中开篇即说道："书者，抒也，散也，抒胸中气，散心中郁也。"清代周星莲在《临池管见》中也有相同的论述："作书能养气，亦能助气。静坐作楷书数十字或数百字，便觉矜躁俱平。若行草，任意挥洒，至痛快淋漓之时，又觉灵心焕发。"可见，书法从某种程度上即是内心负面情绪的一种宣泄。一张白纸，备好笔墨，就会有一个场所供你宣泄一番，十分方便。

3. 向他人宣泄

向他人表达负面情绪是一种有效的宣泄方式。不高兴的时候，找几个好朋友谈谈心，也可以缓解一下内心的压力。当问题严重时，还可以求助于心理医生，在专业的指导下宣泄情绪。

4. 向客观环境宣泄

大自然是最好的心理治疗师，心情不好的时候可以去也野外赏赏花草。

当人们漫步在姹紫嫣红的花海之中，看到如鸟似蝶、如钟似管、如杯似盏，形态各异美艳绝伦的花卉时，心里自然会产生一种愉悦和舒畅之感，一切的烦恼都会抛到九霄云外。正如清代文人袁枚所言："随园一乐解千愁"。不同色彩的花草，对人产生不同的效果。如白、青、蓝会给人以舒适、清爽之感；黄、橙、红给人以兴奋、温暖和热情之感。研究发现当人们欣赏花的过程中，大脑会处于活跃和兴奋状态，有利于身心的健康。清代"文星"兼"寿星"的袁枚，40岁时官场失意，归乡江宁小苍山，筑园林，从此爱上花草，过上了"用笔不灵看燕舞，行文无序赏花开"的生活，宠辱皆忘，"八十精神胜少年"。可见，赏花养花对调节心态有重要的作用。

5. 生理宣泄

生理宣泄主要有两种，一种是哭，另一种是体育锻炼。

哭对于负面情绪的释放有重要意义，美国南佛罗里达大学研究发现，哭可以让大部分人情绪得到明显改善；哭甚至能起到比抗抑郁药物更好的效果，可更好地提升人的自我安慰与积极情绪。

研究表明，体育锻炼也能帮助人们宣泄不良情绪，改善心情。运动能使人体产生一种让人欢快的物质——内啡肽，内啡肽跟吗啡、鸦片剂一样有止痛和欣快感，甚至可以帮助人排遣压力和不快。

结语 浅谈成功留法的信心

　　一晃，已经回国一年了。2002 年湖南大学毕业后在北京学习了四个月法语，2003 年年初就读巴黎高等管理学院预科，一年后转法国国际关系研究学院国际事务专业学习，2006 年硕士毕业并实习后回国，负责为巴黎高等管理学院及该集团学校、巴黎十一大、巴黎七大、法国国立综合理工学院集团等学校招生。

　　从十几年前的留法学生，到今天的招生老师，一路走来，感慨颇多，索性在这里跟大家做个分享。其实我想说的就一点，成功留法的信心从哪里来。

重聚巴黎，管中窥豹

　　2014 年年底，在巴黎高等管理学院举行了预科学院十五周年的纪念活动。作为校友代表和招生代表，我回到了学校与当年的老师重聚。巴黎高管预科 ESGPrepa，现在是欧洲最大的教育集团斯图迪 Studialis 旗下的 IFCM 学院，是全法国最早为从中国来法国求学的学生准备的真正意义上的预科，从根本上解决了中国学生由国内教育到法国高等商学院或大学经管类专业的语言和专业跨度问题。十五年间，巴黎高管预科为两千多中国学生在法国进入专业搭建了桥梁，铺平了道路。

　　作为在招生第一线的工作人员，我观察到这样一些现象。

　　学法语的多了，学扎实的少了。学习条件越来越好，学生却越来越不刻苦，甚至有人会投机取巧通过不正当手段获得好的成绩，速成害人！

　　留法项目多了，大家挑花了眼，却乱了方寸。在法国，专业选择方向区分很细，但不少学校为了迎合中国学生心理，学校变成了学店，迷惑了学生，也毁了自己的声誉，当然，这在少数。另外，法国的教育体系比较复杂，每类学校都有比较明确的培养目标，但中国学生比较喜欢看排名，而忽视排名与自己的相关性，国内踏实做专业咨询的人也越来越少，往往都是自卖自夸。

　　管中窥豹，忽视格局。去法国的学生人数没太大变化，上专业的人数上升了，这本来是好事，但在国内咨询中我看到学生对自己未来越来越没有信心，总想把需要通过长期努力才能看到的事情尽快实现，所以越来越多的高中毕业生想选择职业化强的专业，尽快实现找到工作的目标。这种做法，其实谈不上深造，也顶多算是到法国接受个培训。归根结底，这就是没有信心的表现。

　　什么是信心？什么是成功留学？我所理解的是这样的：

你的计划展示了你的信心

中国有句谚语，叫"有志者，事竟成"，法国也有句谚语，叫"Vouloir, c'estpouvoir"。这里我要做个补充，有信心还不够，还需要行动来支持。我们说要对未来有信心，对留学有信心，对学习有信心，需要我们制订可行的计划，付出相应的努力。

我大学本科是英语专业，曾经一心想着去美国做一个高大上的梦，局限的留学信息让当时的我们觉得去美国就好像高人一等，所以拼命去学托福，考 GRE，虽成绩尚可，但觉得之前的拼搏似乎都是给别人看而不是为自己理想奋斗，或者说，自己从来没有认真想过自己的理想是什么。直到有一天，高中时的好友从法国毕业回北京，我们开始认真谈起来，或许在 8000 多公里以外的欧洲大陆，冥冥之中有一盏灯为我亮了很久。

大学时的学习环境和竞争状态给我毕业后在北京的法语学习带来了不少"实惠"。虽然自己不够刻苦，但曾和大学同学一起挑灯夜战背过单词，也曾经连续 380 天，每天 12 个小时以上准备美国研究生入学考试 GRE，那段时光告诉我，毅力是学习成功的法宝；直到后来求学法兰西，拜在巴黎高管邱秀贤博士门下的时候，我仍然忘不了一个人在长沙冰冷潮湿的自习室学习时的孤独寂寞，在北京的 GRE 培训班 600 人上单词课时的热火朝天……

你的努力支持着你的信心

我觉得自己就像个被宠坏的孩子，不够聪明努力却一直有名师为我引路。十多年前，初到巴黎时的困难谁都差不多，扛着二十公斤大米上坡回宿舍，路上捡个熨衣架凑合着做书桌写了三个月作业，在法国南方连续干了 38 天农活捡李子，这些都是成长路上的风景。我们是来上学的，当然要学会解决学习外围的问题。

法国，尤其是巴黎，对很多人来讲，更像是一个放大镜。在国内的时候，你的优点和缺点没有那么明显，在这里却能让你表现得淋漓尽致。也正是这得天独厚的真实，告诉我们生活里不再有模拟题。

记得 2003 年 2 月 8 日走进巴黎高等管理学院校门的那一天，预科学院负责人邱博士并没有给我留下学究派的印象，看上去倒似乎是个全能选手。他一会儿给学生发教材，一会儿帮助大家办注册，有的人来问他房屋保险的问题，也有人等着他做面试。我们当时在国内大学很少见到一个人可以做这么多事，而且是有条不紊，细心周到。预科当年那一届是 93 个学生，再加上已经进了专业的学生让他帮这帮那，国内的学生还等着他开录取通知书，每周他还要给几个班的学生上商务法语这门专业课，很难想象，一个人可以这么全面开工。在一旁看着邱老师的时候，我就在想，是不是我给自己找了太多的借口不能变得更好？

我们的邱老师，邱博士，巴黎索邦大学（巴黎四大）法语语言文学博士，法国大学师资培训导师；曾任广东外语外贸大学法语系副主任。自 1999 年起，任职法国巴黎高等学院集团亚洲关系部主任、法中管理学院院长、法语管理预科中心主任、法语教授、广东外语外贸大学校友总会副会长、旅法中国同学会副会长、广东外语外贸大学法国校友会会长、法国华人篮球协会主席等职务。

现在做招生工作，也有机会让别人叫我老师了。现在有学生常问我，在法国巴黎会遇到哪些困难？说实话，我没有答案。因为无论在哪里，你都会遇到所谓的困难，有的你可以绕过去走，但是更多的需要你坦然面对，过去了就不叫困难，而叫经历、经验。在刚到法国的某个交通系统罢工日，我冒雨走了将近两个小时到学校，只看到担心我们没有收到停课通知的邱老师在学校等候我们，我遗憾地原路返回又被人偷了手机，虽然有念念叨叨，晚上还是要吃饭写作业，做该做的事情，明天你的心会变得更加强大。

也有同学问我，法国是不是治安不好？是不是法语特别难学？是不是大学不好毕业？毕业了是不是不好找工作？虽然做了很多解释，大家还是会产生更多的问题。不言而喻，困难，就是你不够坚定。

你的心态决定了你的信心

我觉得成功留学信心的增强归根到底要靠心态。

在巴黎高管学院预科学习一年之后，虽然邱老师一直鼓励我上专业，但当时我选择了打工半年之后再回到学校。因为一方面我想在法国多待些年多认识认识人，另一方面也因为已经有了国内本科毕业证不算一无所有，再加上当时的经济压力等原因。在一家服装店打工的那段时间，我也算第一次真正意义上的勤工俭学自力更生，也恰巧发现原来在巴黎高管预科学习的专业知识那么有用，小到写一封信的措辞，大到贸易法规的应用。

在这些实习与工作中，我更加感觉到心态和用功一样重要。有好的心态和上进的状态，老师和同学都会青睐你，机会也会伴随你。上专业课的时候，班上有几位同学来自非洲，我在他们身上看不到我们先入为主的慵懒和不学无术，反而非常努力，回答问题时很有见地；其他的白人同学也很用功，做事很规矩，老师留的小组作业从来都是在认真完成的基础上还加上自己的创意。在法国，我觉得身边的人状态都很健康，做事很规矩，也很努力。

我们常说，走路要一步一个脚印。大家都知道法国的教育水平高，老师的学术水平和素质好，世界范围内的文凭认可度高，从中国来法国学习的学生趋之若鹜，这其中却有很多人急功近利。现在有人抱怨是法语难，专业选得不好，就业形势不好，其实还是要先从自己身上找原因。

所以，我理解的留学信心，尤其是在法国留学，并不是火急火燎的样子，而是细心谨慎做规划，踏下心来学法语，平心静气选专业，扎下根来好好生活。

　　欧内斯特·海明威曾这样说："假如你有幸年轻时在巴黎生活过，那么你此后一生中不论去到哪里她都与你同在。"这是法国的自信，巴黎的自信，更是赴法留学生的自信。

后 记

几经酝酿，《法国留学新时代》这本小书终于要问世了。古人云，诗以言志。我不会写诗，不过幸好还会写一些文章，使人能够了解我的一些想法——在一个行业待久了，总是会有些感慨和想法的，对于一个有志于做事的人来说更是如此。回想自己的初衷，不过是想"做一件让留学生骄傲的事情"，那就从这本小书开始吧。这一篇中国法国工商会杂志《联结》对我的专访，既是对我的勉励，亦是我写作本书的缘由，特附于此，以示不忘。

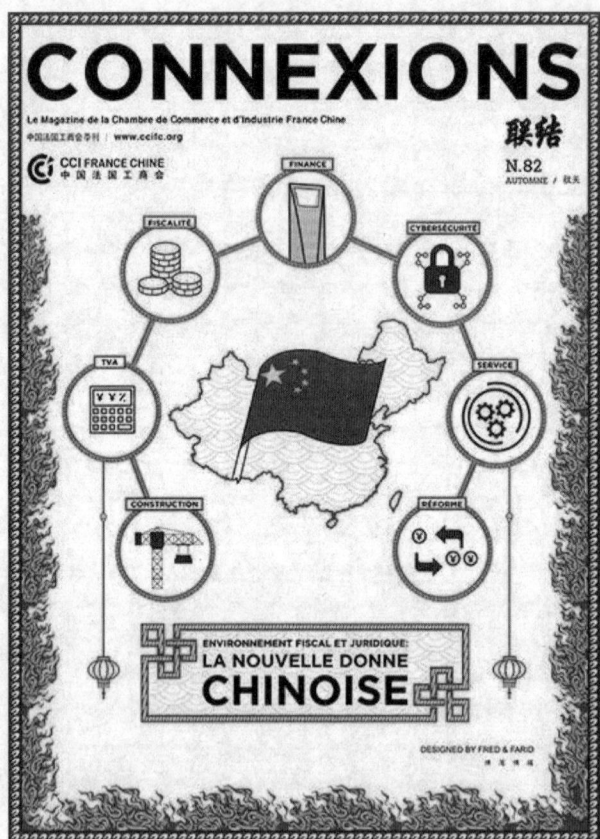

《**联结**》：您可以简要介绍一下您的公司吗？

金：自 2006 年起，我公司 BeijingVictorEdu-Conseil 作为法国多所大学在中国的招生联络处，主要负责中国和法国大学之间的学生交流，其中主要业务是为中国学生申请法国大学做评测和申请以及境内外服务。

《联结》：您的公司都提供什么服务？

金：我们提供的服务有对准备出国的学生（目前是中国学生）做评估和测试，背景提升，法语培训，留学申请，建立姊妹学校和友好学校，组织游学项目，到达法国后的海外延伸服务，以及之后的实习就业指导服务等。

《联结》：相比到英美国家留学，法国留学的情况如何？

金：与英美国家学校在招收中国学生上的竞争上，有很多方面对法国学校不利，所以从我的角度看，目前学生数量上还不是很满意。这里的原因很多：

（1）政策形势。到英美澳加留学，是中国学生的主流。大量的案例数量基础和相对宽松的签证政策以及语言等优势，让非英美国家在中国的招生起色不大，有时甚至略显挣扎。

（2）国际化意识。法国学校在国际化招生的意识上速度不够快，或者说之前在招收欧洲学生到法国留学硕果累累，因语言和距离等等问题导致进入中国市场比较晚。

（3）扬长避短。法国留学的优势——研究能力、大学历史文化、工程师培训等独有体系等等，没有完全体现出来；而中国学生对法国留学先入为主的负面印象有时占了上风，比如"免学费＝便宜没好货""法国人效率不高""评估标准不明确""法语难学""学好法语去非洲""毕业难""安全问题""排名高的法国学校不多"等等。以上问题，有的是因人而异的事实，有的是误解。

（4）经济根源。中国的经济发展速度和体量让中国学生产生了不平衡心理。因为之前中国人对国外的认识不够充分，现在又一下子有了经济能力去选择，而这个时候，国外的学校呈几何倍数增长来到中国招生，加上之前对法国认识的匮乏及法国学校在华推广的不足，致使法国学校在英语国家学校面前显得相形见绌。

（5）服务体系。相对来讲，法国学校的发展不如绝大多数英语国家大学的发展快。法国的大学招生体系和服务体系不够完善——尤其是针对中国学生的（这应该是非产业化发展以及招收中国学生的数量少造成的）；项目趋于同质化；可查阅的信息很多都是法语版本，显得信息不够透明；法国大学在招收中国学生方面的方法研究不够，借鉴别国经验不多。

（5）国家意志。中国政府从意识形态上来讲，并不是很希望太多的人才外流；世界流行的"中国热"让中国大学开始逐渐受到国外学生的欢迎，这在短期内不会给法国大学招生分享红利，长期来讲，要看目前进行的交流项目合作质量是否顺畅，数量增长是否够快。

国内招生机构对法国的态度不够积极。因有过合作不畅的历史，以及法国高等教育体系带给第一线招生机构的利益不足，在国内同行业竞争压力大的情况下，很少招生人坚持对法国项目持续推广，即使有推广，忠诚度也不够高——这是漏房偏遭连夜雨。法国留学的项目由于语言的障碍和体系的复杂性，需要花很多时间和精力去研究深挖，推广人坚持下去的信心不足。当然，法国大学近年来做了很多友好的努力，进步非常大！

《联结》：对法国留学的发展前景，您怎么看？

金：由于是留法学友，也是法国高等教育的受益者，我对法国留学咨询和服务这个事业的未来以及中法教育交流充满希望。在最近出版的《留学法国新时代》中我阐述了几个观点，主要是围绕着"我为人人，人人为我"的思想展开，"做一件让留学生骄傲的事情"也是我的终极目标！

首先，法国留学有市场，有前景。

法国作为欧洲文明灯塔的奠基者，有着和中国相似的深厚历史背景，也是西方人文主义思想的发祥地。素质教育、以人为本、工匠精神、终身学习等法国社会区别很多国家的特性也正是当代中国朝好的方向发展所或缺的。相信在我们的持续推广和以身作则的影响下，会有更多的年轻学生对法国感兴趣，对法国留学感兴趣。

其次，更新意识，把握方法。

之前很多法国留学服务的从业者会因为共同语言少和招生竞争的矛盾自动把自己和英美大学招生人隔绝开。其实我们需要知道，是让学生先想到出国留学，再引导到法国留学——这是目前应该有的基本工作意识，而不要把法国留学和英美留学区分开来。

英美国家留学和到中国留学的市场，有很多值得我们借鉴和学习的地方。英美国家的大学名气大，联合招生多，很有活力，学校政策也好，使用科技手段也多；来中国留学，国家政策好，国家环境好。

　　我们很重视对学生的出国前能力测评和留学后服务，借鉴了很多英美学校的招生方法和新的科技手段，这也受到法国高等教育署和国际质量体系认证机构的认可。

　　最后，提高工作人员素养，为学生做好的榜样。

　　留学咨询和服务工作，是属于教育领域。既然是教育，就首先要想到的是"学为人师，行为世范"。不断学习和提高本身的学识素养是我们能胜任这个工作的基础，也是吸引更多年轻人通过出国留学这个途径成才的前提！

ISO 9001 质量体系认证　　　维克托教育 Victor Edu-Conseil　　　**CCI FRANCE CHINE** 中国法国工商会 中 方 合 作 伙 伴

一站式规划服务 One-stop Career Service

- 学生测评 Student Assessment
- 背景提升 Background Promotion
- 留学规划 StudyAbroad Plan
- 语言培训 Language Training

- 校际交流 InterSchool Exchange
- 国际学游 International StudyTrip
- 境外管理 Overseas Service
- 回国服务 Repatriation service

2012 年 金老师与法国综合理工学院集团在北京的法国高等教育署

2015 年 金老师与法国大学在中南大学

2017 年 金老师组织的百名高中学生游学欧洲活动
受到法国大使馆文化教育参赞
Robert Lacombe（罗文哲）先生的赞许

2013 年 金老师陪同中国石油大学校长团访问巴黎十一大

2016 年 金老师为巴黎十一大组织在东北师大附中面试

2014 年 12 月 金老师陪同法国国立综合理工集团访问浙江理工大学

2015 年 2 月 金老师、巴黎十一大教授与初到法国的学生

2016 年 金老师与法国驻沈阳领事馆总领事马克拉米先生

2016 年 金老师到法国看望巴黎七大学生

2017 年 金老师组织的欧洲游学活动

2017 年 金老师组织的百名青年到巴黎安东尼中学游学活动

2017 年 金老师在巴黎组织的中法百名青年交流活动

2013 年 11 月 金老师陪同
中国石油大学访问法国综合理工集团

2013 年 11 月 金老师陪同
中国石油大学校长团访问巴黎十一大

2017 年 金老师到马赛大学
看望学生邹振海博士

2017 年 金老师与东北师大附中杨校长

2016 年 1 月 金老师与刚刚到达法国的巴黎七大学生

2017 年 金老师作为巴黎七大代表与法国高等教育署在南开大学做宣传